ESSAI
SUR LA FORMATION
D'UN CODE
PUBLIC NATIONAL.

Par M. Ecnirp'el, Membre du Tiers-Etat.

ESSAI
SUR LA FORMATION D'UN CODE PUBLIC NATIONAL.

Deux objets importans doivent occuper les états-généraux : 1°. l'établissement d'une constitution ; 2°. la maniere de remplir le déficit, de proportionner la recette à la dépense du moment, & d'acquitter les dettes.

Ces deux objets doivent être traités distinctement & dans l'ordre dans lequel ils sont indiqués. Sans une constitution, tout le bien que feroient les états-généraux seroit passager, & ne donneroit aucune sûreté pour l'avenir. C'est parce que notre gouvernement est sans principes, que les siecles précédens ont dévoré le nôtre ; que les diſſipations ſe ſont accumulées, & que l'état ſemble près de ſa ruine. En vain chercheroit-on à guérir un mal local ſans en attaquer la cauſe ; le ſang vicié formeroit bientôt de nouvelles plaies, & couvriroit d'ulceres un corps mal-ſain ; l'apparence de la ſanté ſeroit ſuivie de la mort.

Pour peu qu'on ait étudié notre gouvernement ancien, tel qu'il étoit avant & ſous Charlemagne, époque aprés laquelle il a ſans ceſſe dégénéré, on verra que nous n'avons rien de mieux à faire que de reprendre ces anciennes maximes, en perfectionnant encore les formes, & en ſuppléant ce que la révolution de onze ſiecles a dû introduire de changement. Le gouvernement actuel des Anglois n'eſt pas autre que celui des François, ſous la premiere & au commencement de la ſeconde race de leurs rois. La nation Angloiſe, que ſa poſition ſur le globe, la circonſcription de ſon territoire, l'infécondité de ſon ſol ne deſtinoient point à jouer un ſi grand rôle parmi les nations de l'Europe, eſt redevable à la ſageſſe de ſes loix, d'être comptée au nombre des principales puiſſances. L'ambition de tenir le ſceptre du monde, a peut-être tendu à l'excès tous les ressorts : elle ne tarderoit pas à décheoir, si les nations de l'Europe sentoient enfin les avantages attachés à une bonne constitution. Que n'en doit point espérer la France, placée sous un climat tempéré, tenant au nord & au midi, sans éprouver les excès d'une chaleur brûlante, ni les rigueurs d'un froid glacial, communiquant à deux mers, ayant un territoire fécond & varié qui réunit une partie des richesses communes à tous les peuples ensemble; dont les provinces continues & sans interruption pouvant s'aider mutuellement, présentent une masse de puissance inébranlable, peuplée d'habitans industrieux & actifs, qui ne le cedent, en esprit & en courage, à aucuns des peuples anciens ou modernes? La France, lorsque la législation favorisera la nature, lorsque seulement elle ne la contrariera pas, doit être la premiere puissance du monde.

Les mœurs des premiers siecles de notre monarchie étoient féroces, j'en conviens; mais elles étoient celles de l'Europe entiere. L'ignorance en étoit la seule cause, & sans doute la régénération du gouvernement ne fera pas craindre que nous retombions dans la barbarie.

Laissons les gens puissans, pour qui la réforme est si redoutable, opposer, en faveur de notre police actuelle, son ancienneté de huit siecles, & la durée de l'empire sous un tel régime. Est-ce donc parce que le régime a été vicieux, que la France a été conservée? Il ne faut pas beaucoup d'efforts pour s'appercevoir que la foiblesse commune a fait la sûreté commune ; mais qu'aucun gouvernement n'est parvenu à l'état de prospérité que la nature lui avoit destiné.

Depuis onze siecles environ, à compter de la mort de Charlemagne, quels ont été les momens heureux de la France? Ne confondons point un vain éclat avec le bonheur. Les vertus de S. Louis, de Charles V, de Louis XII & d'Henri IV ont lutté avec avantage contre le mauvais génie des institutions qui opprimoient l'Europe. Le peuple qu'ils gouvernoient a respiré quelques momens; les finances ont été administrées avec l'économie due à un dépôt si sacré. Il seroit difficile de trouver les mêmes exemples dans d'autres siecles. Ces quatre regnes réunis, en comptant même le tems employé à réparer les désordres des précédens, embrassent un intervalle de cent ans, dans l'espace de onze siecles. L'admiration générale les a consacrés comme des tems héroïques ; elle a reconnu qu'ils étoient dus aux qualités personnelles des souverains que la providence avoit destinés pour la consolation de l'humanité. Supprimez ces cent années, la législation a repris son influence nécessaire, & les choses ont été ce qu'elles devoient être.

La régénération du gouvernement doit donc commencer par l'établissement d'une constitution sage. Mais lorsque les pouvoirs auront été mis en équilibre, de façon qu'un mouvement uniforme conduise tout, il faut encore l'assurer pour l'avenir contre les révolutions des tems, & empêcher que les abus ne nous replongent dans le désordre.

Le travail des citoyens fait la vraie richesse de la société : le gouvernement doit par conséquent veiller d'une maniere particuliere à ce que chacun d'eux fasse le meilleur usage de ses facultés. Il a besoin de dépenser, si j'ose me servir de cette expression, un nombre d'hommes qui exercent les emplois publics. Leur travail n'est assurément pas moins utile que celui des hommes destinés à la défense de la patrie, qui s'adonnent à l'agriculture, aux arts & au commerce. Mais tout ce qui n'est pas néceſſaire eſt nuiſible. Le luxe de l'adminiſtration eſt ſur-tout funeſte : en prodigant les diſtinctions & les richeſſes ſans travail, il pervertit toutes les idées : la claſſe travaillante & productive n'eſt plus en proportion avec la claſſe privilégiée. Celle-ci s'augmentant ſans ceſſe, demandant toujours de plus en plus, la premiere ſe deſſeche, ſans pouvoir ſuffir à la pareſſe orgueilleuſe, & la production ſe tarit dans ſa ſource.

Il réſulte de cela que la formation d'une liſte civile qui comprendra l'état des hommes néceſſaires pour l'adminiſtration, qui réglera leurs fonctions, le paiement qu'ils doivent recevoir, ſelon la nature du talent qui eſt néceſſaire, & le degré de repréſentation convenable, eſt le complément d'une bonne conſtitution. Si ces détails importans étoient abandonnés au haſard, bientôt la faveur, les intrigues, ſemblables aux coins que la méchanique emploie, feroient effort pour rompre l'aſſemblage.

Si les prodigalités ſont la cauſe du dérangement que nous éprouvons dans ce moment, la multiplication exceſſive des emplois publics, ſans fonctions & preſque toujours mieux rétribués dans la proportion de leur inutilité, n'eſt pas un des moindres détails de cette prodigalité. On eſt honteux de recevoir une aumône; on veut paroître gagner ce qu'on reçoit. L'opinion des hommes avec leſquels nous vivons fait une partie de notre bonheur : on a beſoin de ſe procurer leur eſtime, de les intéreſſer en ſa faveur par l'eſpérance du bien ou la crainte du tort qu'on peut leur faire; & du mal naît un autre mal plus grand encore, car rien n'eſt ſtérile dans la nature. A force de diviſer des choſes inſéparables, de reprendre ce qu'on a donné, d'augmenter le patrimoine des uns par les dépouilles des autres, ceux employés dans les différentes parties d'adminiſtration, ne ſavent plus ce qu'ils ont à faire; tout eſt diſputé; les conflits ſe multiplient; les déciſions, ſouvent contraires ſur le même objet, ſuivant que les circonſtances varient, ou ſuivant le crédit des parties intéreſſées, font de l'adminiſtration un vrai chaos où s'engloutiſſent tous les tréſors, & d'où rien ne ſort.

Non-ſeulement la liſte civile, en préſentant l'état véritable de la France pour un tems à venir, & que chaque événement rapprochera, aura cet effet de débarrasser l'administration d'une surcharge accablante, d'offrir aux citoyens un but vers lequel ils doivent diriger toutes leurs pensées, mais servira de guide dans les opérations du moment.

Notre situation actuelle exige des réformes : il n'est personne qui ne sente qu'elles ne doivent pas être précipitées, que les intérêts particuliers doivent être ménagés, & qu'ils font partie de l'ordre public. Cependant il faut agir ; c'est à la prudence à régler les mesures, & à choisir parmi les moyens ceux qui paroîtront offrir plus d'avantages, en n'exigeant pas des sacrifices trop rigoureux. C'est ainsi que le présent s'enchaînera à l'avenir.

Ce qui a le plus frappé d'étonnement dans la révolution annoncée, c'est de voir qu'elle se fasse non pas seulement d'accord avec le souverain, mais, pour ainsi dire, à sa requisition. Tous les écrits émanés du trône depuis un an en prouvent la nécessité, & invitent les différens ordres à y concourir. Cependant l'autorité, telle qu'elle existe dans ce moment, fera des pertes nécessaires ; & ce qui est plus étonnant encore, lorsqu'elle y consent, elle rencontre des obstacles.

Ces deux choſes qui, au premier apperçu, paroiſſent ne devoir pas exiſter, me ſemblent cependant le réſultat infaillible de l'état dans lequel nous ſommes. Tâchons d'expliquer ce paradoxe apparent. L'autorité du Roi dans ce moment, d'après les idées admiſes, n'a point de bornes; il eſt ſeul légiſlateur, en conſéquence d'une loi du digeſte, dont Loiſel a fait cette maxime ſi fameuſe de ce qu'on appelle le droit public françois, *ſi veut le roi, ſi veut la loi*, ce qui veut dire que les rois paſſés & les rois à venir, quels qu'ils ſoient, même à l'âge de treize ans accomplis, ou, par une regle auſſi ſage, ils ont été déclarés majeurs, ont ſeuls plus d'inſtruction & l'eſprit plus juſte que la nation entiere; qu'ils connoiſſent mieux qu'elle ce qu'il eſt de ſon intérêt d'ordonner ou de défendre, de récompenſer ou de punir. Car l'attribution excluſive de la légiſlation, ſuppoſe néceſſairement cette ſageſſe infaillible, qui, comme on voit, eſt merveilleuſement dans l'ordre de la nature.

La légiſlation remiſe à un ſeul homme, non pas même à raiſon de ſa ſageſſe éprouvée, mais à raiſon du rang qu'il occupe, eût-il, comme Charles VI, perdu la raiſon, ſuppose une autre vérité de la même force, savoir que la nation est faite pour le Roi ; qu'il a par conséquent existé des rois avant qu'il y eût des peuples ; que ce sont des créatures privilégiées, d'une autre nature que celle des hommes ordinaires, & qu'il n'existe aucuns monumens qui constatent que les familles en possession des trônes, ont été dans les tems reculés de simples citoyens.

Enfin cette attribution suppose que jamais les rois n'ont d'intérêts du moment contraires à ceux de leurs peuples, & tant d'autres suppositions si fondées en raison & en vérité, que je me lasse d'en faire la recherche.

Il faut qu'il y ait souvent une distance énorme de la parole à la persuasion : on répete beaucoup de choses parce qu'on les a entendu dire. Ces proverbes de parade ressemblent assez aux habits de cérémonie de nos grands peres. Nous les conservons, nous les montrons, mais nous n'en faisons aucun usage. Lorsque nos écrits répétoient sans cesse que le roi étoit le souverain législateur de son royaume ; lorsque ce lieu commun se trouvoit dans les harangues des magistrats, dans leurs remontrances, la conviction devoit être loin de leurs cœurs, puisque la propofition d'une loi par ce fouverain légiflateur étoit fréquemment une déclaration de guerre, & que dans ces combats, il étoit plus fouvent vaincu que victorieux.

Souverain légiflateur, il eft encore l'exécuteur de la loi : on ne connoît que ces deux parties dans quelque gouvernement que ce foit, le pouvoir légiflatif & le pouvoir exécutif. Le dey de Tripoli n'en a point d'autre. Si le roi eft tout le gouvernement, que font les peuples ? On a cherché à diftinguer, par des fubtilités, le pouvoir monarchique, tel qu'il eft exercé en Europe, de ce qu'on a appellé le defpotifme. Il y a fans doute une différence ; mais elle n'exifte pas, ainfi qu'on l'a penfé, dans la diverfe nature des pouvoirs, puifqu'elle eft exactement la même. Elle réfulte de cette nuance feule, que les peuples monarchiftes font plus éclairés. Le grand Seigneur envoie affaffiner fon vifir ; on ne trouve dans cet acte qu'un ufage légitime de fon pouvoir. Parmi nous, tous les efprits feroient révoltés : je parle du fiecle dans lequel nous vivons, car il a été un tems où nous aurions penfé comme en Turquie. Mais fi les affaffinats feroient fans excufes, les lettres-de-cachet, remarquez la nuance, s'exécutoient il y a quatre ans presque ſans réclamation, il ne venoit dans l'eſprit de perſonne de conteſter qu'un ordre ſouverain ne pût légitimement priver un citoyen de ſa liberté, l'enfermer dans un cachot & le livrer au déſeſpoir. La véritable différence entre ces deux fils du même pere, eſt donc que le deſpotiſme monarchiſte eſt dépouillé d'une partie de ſa férocité.

Si le monarque eſt légiſlateur & exécuteur de la loi, perſonne ne ſera tenté de lui conteſter le droit de diſpoſer des tréſors de l'état, ſans avoir d'autre juge de l'uſage qu'il en a fait que Dieu & ſa conſcience. Ainſi, il ne fait rien que de licite, en accablant de richeſſes ceux dont le principal mérite eſt de l'environner, & en retirant au pauvre le pain qu'il a gagné à la ſueur de ſon front. Pour que des hommes regorgent de richeſſes, il eſt néceſſaire que le plus grand nombre ſoit à peine vêtu de haillons, & ſe contente d'une nourriture qui fait ſoulever le cœur. Auſſi cette conſéquence néceſſaire eſt-elle un fait ſous les yeux de tout le monde. Si l'on veut que j'ajoute encore la nuance; il n'eſt permis à l'autorité de parvenir à ce réſultat heureux qu'en employant des formes. Il faut une loi enregiſtrée, ou au moins un arrêt du conſeil.

Telles ſont les principales branches de l'autorité des monarques de l'Europe. La conſtitution obligera le roi d'en abandonner une partie. Le ſacrifice qu'il fera eſt-il donc de nature à exciter de ſi grands regrets? Diſons mieux, ce pouvoir eſt-il le ſien, non ſeulement de droit mais même de fait, en ſorte qu'il puiſſe croire avoir réellement perdu quelque choſe?

Plus la puiſſance du roi eſt étendue au-delà de toute meſure, moins il a de pouvoir réel : il eſt le premier eſclave de ſon autorité illimitée. L'imagination peut bien créer des chimeres ; elle ſe repréſente un homme dont les pieds poſent ſur le globe, & la tête eſt cachée dans le ciel. La raiſon déſaprouve ces monſtruoſités : les êtres ont reçu des proportions au-delà deſquelles leurs facultés morales ou phyſiques, loin d'augmenter, décroiſſent. La folie n'eſt point la raiſon ſublime ; David vainquit Goliath.

Toutes les loix émanent du ſouverain; en eſt-il l'auteur? Le plus grand nombre porte ſur des matieres qu'il n'entend pas; les graces ſe répartiſſent ſur des hommes dont ſouvent il ne connoît pas les noms. Louvois a été l'instigateur des guerres qui ont rendu le siecle de Louis XIV si brillant & si malheureux. Les plus frivoles intérêts ont sans cesse armé la France & désolé ses provinces. Quelles ont été les causes de ces grands événemens ? L'ennui d'hommes puissans, dont les ames pesantes avoient besoin d'être secouées, des ministres qui cherchoient à attirer sur eux les yeux du public, & à se rendre importans; enfin une multitude de parens, de protégés, dont la fortune devoit être faite, quoi qu'il en coutât au public. C'est une vérité de fait, que le travail s'effectue en raison inverse de la surcharge. Les inquiétudes de l'esprit en diminue les facultés.

Ce qu'il y a d'affligeant pour le monarque, c'est que tout se faisant en son nom, même ce qu'il ignore, il devient responsable de tout. Louis XVI a avoué qu'il ignoroit l'état des finances lorsqu'elles étoient dans le plus grand désordres. La plupart des rois sont à peine les spectateurs de tous les événemens sur lesquels la postérité les juge, & peut-être en connoissent-ils moins que beaucoup d'autres les ressorts véritables.

Quels

Quels sont les véritables rois sous un gouvernement absolu? Les ministres & les courtisans; aussi tous les principes changent-ils sans cesse avec eux. Il est difficile que les rois ayant à prononcer sur ce qu'ils ne savent point, ou qu'ils n'ont point le tems d'approfondir, ne soient pas asservis aux opinions de ceux qui les environnent; ceux-ci à leur tour sont soumis aux mêmes impressions: la royauté est sans cesse mise en mille pieces dont chacun cherche à se procurer des lambeaux.

Le roi actuel est depuis quinze ans sur le trône; il est vraisemblable que le déficit dans les finances existoit à son avénement, mais il s'est accru considérablement. Quelle en est la cause? La multitude de rois en sous-œuvre, mais de rois véritables qui nous gouvernent sous le nom d'un seul. L'existence de chacun d'eux n'étant qu'éphémere, ils sont attentifs à ne pas laisser échapper le moment: la fortune doit être aussi rapide que la pensée. Pour y suffire, les établissemens ruineux se multiplient; on est inventif à trouver des prétextes pour récompenser l'inutilité orgueilleuse; & lorsque le peuple fournit la derniere piece de monnoie qui lui reste, la recette du trésor royal ne peut encore atteindre la dépenſe : alors ſont miſes en uſage toutes ces reſſources du moment qui ne font que creuſer l'abîme.

Les dettes des ſiecles précédens, dit-on, écraſent le nôtre ; mais pourquoi exiſte-t-il des dettes des ſiecles précédens? pourquoi ont-elles été créées? pourquoi n'ont-elles pas été rembourſées ? C'eſt que dans cette oligarchie de ſouverains de toutes les claſſes, la richeſſe de l'état a toujours été moindre que leurs deſirs ; c'eſt que tous les intérêts étant perſonnels & iſolés, on s'eſt peu occupé de l'avenir pourvu qu'on jouît du préſent ; c'eſt que le mot de patrie a été regardé comme un vieux mot de collége qui ne préſentoit plus aucune idée.

Mais enfin toutes les dettes actuelles ne ſont pas l'ouvrage des regnes précédens ; perſonne ne ſera aſſez injuſte pour priver le nôtre de la part qu'il y a. Que ſont devenus ces monceaux d'or produits des emprunts ſi épouvantablement multipliés ? Le roi n'a aucun luxe perſonnel ; il n'a point de maîtreſſe, point de fantaiſies ; il eſt peut-être de toute la cour celui qui joue le jeu le plus modéré ; ce n'eſt donc pas lui qui a diſſipé, ce ſont ces demi, ces quarts ou cette portion quelconque de ſouverains, cette populace de repréſentans en habits de théâtre, qui ont été les vampires de la fortune publique ; la cour eſt la plaie du gouvernement.

Quoiqu'elle ſoit compoſée de membres tirés du premier ordre, le clergé & la nobleſſe, il feroit cependant injuſte de compter au nombre des oppoſans à la réforme tous les individus des deux corps. La partie du clergé qui remplit de fait le ſervice de la religion, la nobleſſe qui habite nos villes & nos campagnes, ne ſont, pour ainſi dire, que le tiers-état de leur ordre ; ils conſervent des priviléges auxquels ils paroiſſent très-diſpoſés à renoncer, ſur-tout pour ce qui concerne l'égalité dans la contribution aux charges publiques. Le tiers-état du clergé, opprimé par ſes chefs, enviſage comme un moment heureux celui où il ſera reconnu que plus on tire d'avantages de la ſociété, plus on a d'intérêt à ſa conſervation. Il eſt indigne de voir que tel ſoit le partage établi entre les membres d'un même corps, que d'un côté ſoit l'inutilité, les richeſſes & les honneurs, & de l'autre le travail, la miſere & preſque le mépris : ce n'eſt pour aucun d'eux que le tréſor royal s'épuiſe ; véritablement citoyens, ils réunissent leurs voix à celles du tiers-état.

Non, la réforme demandée n'est point le projet d'avilir la majesté du trône : quel est l'insensé dans l'esprit duquel une pareille idée ait pu naître? Quoi! celui que la loi reconnoîtra pour le premier de la nation, qui lui seul en fait une partie, & la partie prépondérante, à qui la loi remet l'exercice de tous ses pouvoirs, qui est le distributeur des graces & des honneurs, le seul représentant d'une grande nation vis-à-vis les puissances étrangeres, sera un homme dégradé & flétri! Quel pouvoir lui est retiré? Celui de faire le mal & d'abuser. Un tel pouvoir ne peut être légitime : contraire aux premiers principes de la morale, il est nécessairement usurpé; au-dessus des forces humaines, il est à la fois impossible & nuisible.

La réforme dont le projet excite tant de commotions est donc réellement en faveur du roi; si elle le dépouille d'une grandeur gigantesque & chimérique, elle le revêt du plus grand caractere qui puisse honorer l'humanité. Les deux années d'inquiétudes & de chagrins qu'il vient d'éprouver, l'opposition continuelle des volontés, chaque parti accusant l'autre de ſurpriſe, l'impuiſſance d'agir avec l'extérieur d'un pouvoir ſans bornes, tout a dû le convaincre, plus que ne le pourroient faire tous les raiſonnemens, que, comme en morale le bonheur dépend de la pratique des vertus douces & paiſibles, en politique les jouiſſances de la royauté ſont attachées à une autorité limitée.

Jamais la France, ni peut-être aucun gouvernement ancien ou moderne ne ſe ſont trouvés dans un moment ni dans des circonſtances plus favorables. C'eſt toujours les armes à la main que les révolutions ſe ſont faites; l'ignorance des vrais principes, l'intérêt des chefs de partis, la laſſitude des querelles, le mélange de ſuccès & de pertes ont empêché que les peuples ne tiraſſent de leur inſurrection les avantages qu'ils devoient s'en promettre. La nation angloiſe étoit armée contre Jean-ſans-terre, lorſque le 15 Juin 1215, la fameuſe charte, qu'elle regarde comme la premiere époque de ſa conſtitution, fut ſignée entre les deux camps. Il s'en faut beaucoup qu'elle réponde à l'idée qu'en conçoivent ceux qui en ont ſeulement entendu parler. On n'y trouve que des réglemens de police, tels que ceux qui feroient la ſuite d'un procès entre un ſeigneur de terre & ſes vaſſaux ; cet édifice, le chef-d'œuvre du ſiecle où il a été formé, a acquis depuis une conſiſtance que les attaques ſucceſſives des ſouverains ont rendu inébranlable.

Pour nous, c'eſt au milieu de la paix que nous ſommes appellés à diſcuter nos intérêts les plus chers, à dreſſer le plan d'une légiſlation qui lie tous les intérêts particuliers à l'intérêt général, & dont nos ſucceſſeurs puiſſent un jour ſe glorifier. C'eſt avec le ſecours des lumieres acquiſes par l'étude de cinquante ans, & par les réflexions des hommes les plus profonds, que nous allons dreſſer l'acte important qui doit aſſurer nos libertés, élever la France à ſa plus grande proſpérité, & proportionner la durée de l'empire à la durée du globe. Combien nous ſerions coupables ſi nos ames ne s'élevoient pas à une auſſi grande idée ; ſi l'eſprit de parti corrompant nos penſées, nous étions aſſez lâches pour ne pas ſacrifier à l'intérêt général quelques vaines diſtinctions du moment, & pour nous préférer aux ſuffrages de la poſtérité !

Mon goût particulier a dirigé mes études, depuis quelques années, vers le droit public ;

j'avois beaucoup médité ſans rien écrire; il m'a paru que le tems étoit arrivé où mes obſervations pourroient être de quelqu'utilité. Toutes les claſſes ſont invitées à propoſer leurs plans de réforme, à dreſſer leurs cahiers particuliers; mais l'idée d'embraſſer les différentes parties du gouvernement, d'offrir la maniere la plus avantageuſe de remplacer ce qu'il faut anéantir, cette idée effraie par ſon étendue, il eſt difficile de penſer qu'une entrepriſe auſſi vaſte, qui offre tant de rapports à combiner, puiſſe être exécutée par une multitude d'hommes aſſemblés. Il faut d'abord que le marbre qui doit former la ſtatue de Jupiter ſoit dégroſſi. Je me ſuis mis à écrire avec beaucoup de précipitation ce qui ſe trouvoit déja rédigé dans ma tête; j'ai tâché d'y mettre autant d'ordre que le tems me l'a permis; car je crains que l'impreſſion n'en prenne beaucoup plus que je n'ai pu en donner à la compoſition.

Chacun doit trouver dans les articles que j'ai dreſſés, les penſées qu'il a déja approuvées, & peut-être auſſi celles qu'il a rejettées, ſoit faute d'un examen ſuffiſant, ſoit parce qu'elles préſentoient des inconvéniens réels que je n'ai pas connus, ou qui m'ont paru moindres que les avantages que j'ai cru y appercevoir; car le bien abſolu eſt une chimere qui n'exiſte point dans la nature. J'ai cherché ſur-tout à me garantir des ſubtilités platoniciennes qui ſont tout au plus le roman de la légiſlation. De bonnes loix ſont celles qui conviennent au génie, aux mœurs & aux opinions des hommes à qui elles ſont propoſées; mais en même tems j'ai deſiré de n'omettre rien d'important, & je ſuis convaincu qu'il eſt impoſſible que je n'aie pas fait beaucoup d'omiſſions.

Dans toutes les ſciences, on ne parvient à la vérité qu'aprés avoir épuiſé les erreurs. Mes fautes peuvent donc être utiles : qui ne ſeroit pas orgueilleux d'être la victime dévouée au retour de la bienveillance des dieux ? Ce n'eſt point à la réputation d'eſprit que je prétends; le deſir d'être utile doit l'emporter dans ce moment ſur le deſir de briller. Pour ſoutenir mon courage, je me ſuis dit : Quand rien de ce que je propoſe ne feroit de nature à être accepté, quand tout ſeroit à réformer, mon travail ne ſeroit pas encore mépriſable, j'aurai amaſſé des matériaux, le cadre reſtera ; des mains plus habiles formeront le tableau dont j'aurai préparé la bordure. Le travail des aſſemblées particulieres ſera rendu plus facile, & l'opinion publique, la reine du monde, aura ſcellé de ſon cachet les arrêtés futurs des états-généraux.

Il ne me reſte plus qu'à préſenter ces articles, & à accompagner de quelques notes ceux que je croirai en être ſuſceptibles.

CHAPITRE PREMIER.

De la Conſtitution de la France (1).

ARTICLE PREMIER.

LE gouvernement de la France eſt monarchique, en ce ſens que le roi, ſoit par lui, ſoit par ſes officiers, eſt ſeul chargé de l'exécution de la loi.

I I.

La légiſlation appartient au peuple entier, repréſenté par les états-généraux, leſquels ſont compoſés du roi & des repréſentans des provinces élus librement.

I I I.

Toute recommandation dans les élections eſt anti-conſtitutionnelle.

(1) Ce chapitre eſt deſtiné à préſenter les formes générales de la conſtitution, & à raſſembler les regles qui, néceſſaires pour aſſurer la liberté des citoyens, ou relatives à l'ordre général, n'ont pas cependant un rapport immédiat ſoit à la légiſlation, ſoit à la puiſſance exécutrice, & aux deux ſous-diviſions de celle-ci.

I V.

Toutes les élections feront faites au fcrutin, & les voix comptées par le préfident, en préfence des électeurs.

V.

Le royaume de France ne peut s'étendre en Europe au-delà du Rhin, des Alpes & des Pyrennées : les mers font fa limite naturelle dans les autres parties. Le roi difpofera, à telles conditions qu'il jugera convenables, des conquêtes ou des réunions qui pourroient être faites à quelque titre que ce fût au-delà de ces limites, foit par la remife des villes ou provinces aux puiffances de qui elles dépendoient, foit en remettant la fouveraineté aux peuples qui les habitent, foit par l'établiffement des colonies; mais toujours fous la condition expreffe que lefdites villes ou provinces auront leur gouvernement particulier & entiérement indépendant de celui de la France (1).

(1) La location de l'étendue de la France m'a paru réunir deux avantages; 1°. elle donne un grand enfemble à toutes les parties, & par conféquent ne laiffe aucunes

V I.

A l'égard des isles situées en Europe, aucune d'elles ne pourra faire partie de la monarchie,

---

forces inutiles : 2°. elle garantit les puissances étrangeres de la crainte de toute invasion, met un frein à la folie ambitieuse des conquêtes, & par conséquent éteint le germe des guerres.

On ne peut trop répéter que tout a des bornes dans la nature. D'où les empires tirent-ils leur force ? de ce que toutes les parties peuvent s'aider, de ce qu'elles peuvent facilement être mises en mouvement ; il faut pouvoir s'entendre, il faut que le danger n'attende pas le secours, que le nombre & l'importance des affaires ne surpassent point les forces de celui qui doit les conduire ; les vastes dominations sont l'apanage du despotisme, la volonté supplée au défaut de principes, & le bâton devient la réponse à toutes les représentations. Pourquoi l'empire Romain, si étendu, étoit-il si foible ? par la raison même de son étendue, il étoit impossible de se porter par-tout à la fois ; des provinces entieres étoiént envahies avant qu'on fût informé que l'ennemi les menaçoit. J'ai sans cesse entendu vanter la sagesse du sénat romain, qui parvint à vaincre l'univers ; je rends justice aux vertus particulieres dont il donna des preuves dans les occasions difficiles ; mais si j'envisage le gouvernement en lui-même, je vois le peuple livré à un aristocratie tyrannique au joug de laquelle il n'a jamais pu se plier ; un droit public mons-

ſi elle eſt éloignée de plus de cinquante lieues du rivage le plus prochain.

V I I.

Les conquêtes ou réunions qui ſeroient faites dans la circonférence déſignée par l'article V, n'auront effet que ſous la condition par les peuples qui habiteront les pays conquis ou réunis, de ſe ſoumettre aux loix de la France ; alors, ſelon leur étendue, ils formeront une province particuliere, ou ſeront réunis à la plus voiſine.

---

trueux & oppreſſif rempliſſoit l'état de trouble ; le tems de la paix étoit toujours le moment du plus grand danger; la guerre étoit le remede contre le vice de la conſtitution. Rome n'a ſoumis le monde connu que parce que ſon régime politique étoit vicieux, & n'a fini par être la proie des nations barbares que parce que ſa grandeur étoit démeſurée, & ſa force plus coloſſale que réelle.

La France, en s'interdiſant toute conquête, en poſſeſſion d'une force impoſante, doit être l'arbitre de l'Europe. Sa politique conſiſtera, non pas à ſe mêler des querelles frivoles, qui ont été le prétexte de nos guerres modernes, elle s'inquiétera peu de ſavoir ſi le trône de Conſtantinople ſera occupé par Muſtapha ou Soliman, mais elle protégera de tout ſon pouvoir les nations qui forment ſa limite, & qui lui ſervent de rempart.

VIII.

Les provinces de la France ayant toutes leur administration particuliere, soumises aux mêmes loix, régies par les mêmes formes, formant différentes parties d'un même tout, seront tellement divisées, qu'elles aient à-peu-près la même étendue, selon que les bornes naturelles, telles que les rivieres & les montagnes, rendront cette division praticable. La circonférence n'excédera pas soixante à quatre-vingt lieues; le diametre étant de vingt à vingt-trois lieues, & le chef-lieu de chacune d'elles se trouvant au centre ou à-peu-prés, la correspondance des lieux dépendans sera facile, prompte & peu dispendieuse (1).

---

(1) Je crains que ma proposition de multiplier la division des provinces, de rendre chacune d'elles moins considérable, ne soit généralement désapprouvée. On met je ne sais quel orgueil à faire partie d'un grand tout; mais qu'importe que la Bretagne, le Languedoc & la Bourgogne forment chacune plusieurs provinces, si elles sont somises aux mêmes loix & aux mêmes formes; Bretons, Languedociens, Bourguignons, tous sont François; il importe que la surveillance soit plus exacte, l'expédition des affaires plus prompte, & les communications moins dispendieuses.

IX.

Les villes ſont de trois claſſes, à raiſon de leur population, non compris celle de Paris qui a la prééminence ſur toutes, comme la capitale du royaume, & qui forme elle ſeule une claſſe à part (1).

---

(1) L'établiſſement des différens ordres de villes eſt relatif au pouvoir des juriſdictions, qui eſt la ſeconde branche de la puiſſance exécutrice. J'ai encore été déterminé à le propoſer par une ſeconde raiſon. Il m'a ſemblé que les impoſitions générales, indépendamment des droits de traite ſur l'entrée & la ſortie des marchandiſes, ſur les conventions & autres de cette nature, devoient être de deux eſpeces, c'eſt-à-dire, porter ſur les propriétés ou ſur les conſommations. La campagne, peuplée de laboureurs, acquitte l'impoſition réelle, les entrées miſes dans les villes frapperont ſur les conſommations; tout impôt perſonnel eſt vicieux, & me paroît vexer les citoyens ſans motif. On ne deſire d'être riche que pour ſe procurer plus de jouiſſances; tout ſe réduit donc en conſommations; mais un tarif uniforme ſeroit injuſte, parce que l'opulence des villes n'eſt pas la même. Auſſi voit-on que dans chaqu'une d'elles le prix des vivres & des marchandiſes eſt différent. J'ai penſé que l'impôt ſur les conſommations devoit être ſoumis à trois tarifs, ſelon les trois claſſes des villes. Je n'ai pas beſoin d'obſerver que la taxe ſur les denrées de premiere néceſſité doit être infi-

X.

Dans la premiere classe sont celles qui comprennent quinze mille chefs de familles ou ménages au moins, les célibataires ne pouvant entrer dans ce compte que lorsqu'ils auront atteint; savoir, les mâles trente-cinq ans, & les filles vingt-huit, ou qu'ils tiendront avant ce tems une maison particuliere. Dans le second ordre sont celles qui comprennent depuis dix jusqu'à quinze mille chefs de familles,

---

niment modérée, & qu'elle doit augmenter selon que les consommations sont de pur agrément. Si l'on objecte que dans les campagnes les manouvriers, qui n'ont point de propriétés, seront, par ce moyen, exempts d'impositions; il me semble que cet affranchissement n'a rien que de juste : le simple nécessaire ne peut être soumis aux taxes; l'intérêt du commerce demande le baissement du prix de la main-d'œuvre; l'exemption des impositions entraînant d'ailleurs l'exclusion de toutes les fonctions publiques, on doit croire que les citoyens qui composent cette derniere classe de la société ne négligeront pas les moyens d'en sortir; mais tous ces plans ne peuvent être que pour l'avenir, après avoir été préparés avec sagesse, & facilités par l'aisance du trésor royal: l'intérêt du moment ne permet pas qu'on pense à les mettre à exécution, du moins dans leur totalité.

& enfin dans le dernier, celles qui comprennent depuis deux jusqu'à dix mille.

X I.

Les bourgs sont ceux dont la population excede cent cinquante jusqu'à deux mille chefs de familles.

X I I.

Les marchés, les colléges pour l'instruction publique, les académies, les séminaires, les théâtres ne peuvent être établis que dans les villes.

X I I I.

Les bourgs & les villages peuvent avoir des foires.

X I V.

Il sera formé les établissemens ci-après dans chaque province ; savoir, un hôpital pour les enfans-trouvés originaires de chacune d'elles, des pensionnats pour renfermer les personnes des deux sexes dont l'inconduite auroit rendu la détention nécessaire, ou qui seroient privées de leur raison, & dont les familles consentiront à payer les pensions ; des maisons de force pour les gens du peuple privés de leur raiſon, ou dont les égaremens donneroient une crainte légitime qu'ils ne s'adonnaſſent aux crimes, & qui ſeroient hors d'état de payer leurs penſions.

X V.

Chaque province aura également un hôtel de retraite pour les militaires & les marins nés dans cette province, que l'âge, les infirmités ou des bleſſures mettroient hors d'état de continuer le ſervice. Le traitement de chacun ſera réglé ſuivant ſon grade.

X V I.

Ces différentes maiſons ſeront réparties, autant que faire ſe pourra, dans pluſieurs villes de la même province.

X V I I.

Chaque municipalité aura en outre un hôpital deſtiné tant au traitement des malades de tout ſexe domiciliés dans la paroiſſe, & aux voyageurs qui ſeroient pris par la maladie, que pour la ſubſiſtance des vieillards des deux ſexes & des infirmes qui, ayant eu une bonne conduite, ſeroient hors d'état de ſubſiſter au moment où ils ne peuvent plus travailler.

XVIII.

Les fonds de ces établiſſemens ſeront pris ſur les domaines du roi dans chaque province, ou ſur les bénéfices eccléſiaſtiques de cette même province, dont l'utilité publique n'exigera pas la conſervation. Les revenus deſdits domaines ou bénéfices ſerviront de dotation à ces maiſons, & les bâtimens ſeront diſpoſés pour le nouvel uſage auquel ils ſont deſtinés (1).

(1) Si tout ce qui tient à la décoration a été l'objet particulier des dépenſes de l'adminiſtration, il faut convenir que tout ce qui n'eſt qu'utile a été prodigieuſement négligé : on eſt étonné de voir qu'à peine quelques provinces aient des hôpitaux pour les enfans-trouvés ; que les maiſons de forces pour renfermer les inſenſés, les mauvais ſujets dans la claſſe du peuple manquent partout ; il ſemble que l'avarice ait calculé qu'il en coûteroit moins de les abandonner au crime, dont ils ſeront punis par le dernier ſupplice. L'établiſſement d'un aſyle pour les défenſeurs de la patrie, lorſqu'ils ſont hors d'état de la ſervir, a reçu les éloges qu'il méritoit ; mais ſi le plan eſt beau, l'exécution en pourroit être perfectionnée ; il y a ſans doute de l'économie à aſſembler un certain

X I X.

Les biens qui forment la dotation de tous les établissemens publics, ainsi que les bâti-

---

nombre d'hommes pour qu'ils vivent en commun, il n'y en a plus si le nombre excessif, au contraire, la dépense se trouvent augméntés, & chaque pensionnnaire est moins bien traité. Pourquoi chaque province n'auroit-elle pas son hôtel des invalides? Personne n'a encore pensé à proposer dans chaque ville ou paroisse la fondation d'un hôpital pour les infirmes hors d'état de travailler, & pour les vieillards des deux sexes qui ne peuvent plus gagner leur subsistance. Peut-on être insensible à la perspective affligeante de cette classe d'hommes voués au travail? il leur procure à peine, dans l'état de santé, le plus étroit nécessaire, & les moyens d'élever leur famille; une maladie, le dérangement des saisons, le moindre accident, compromettent à chaque instant une existence dont la conservation est un bienfait continuel de la providence, & la vieillesse, si douloureuse par les infirmités, les livre sans ressource au besoin. La mendicité est une maladie véritable du gouvernement; il suffit d'en connoître les causes pour en trouver le remede; ces causes m'ont toujours paru la rigueur excessive des impôts sur la misere & le dénuement des infirmes & des vieillards. Quelques aumônes passageres arrêtent les fureurs du désespoir. La bienfaisance publique peut seule dissiper les inquiétudes

mens, forment des franc-alleus roturiers ; ils ſont inaliénables, & les fonds ne ſont ſuſceptibles d'aucune hypotheque.

---

du beſoin, elle eſt une juſtice en faveur de la claſſe laborieuſe & indigente.

J'aſſigne la dépenſe de ces établiſſemens ſur les domaines du roi dans chaque province, & ſur le reveau des bénéfices, dont la ſuppreſſion ſera arrêtée; cette propoſition peut choquer le clergé; il ſe plaindra de l'atteinte portée à ſa propriété ; mais il ſemble qu'une propriété publique, qui n'appartient à perſonne en particulier, eſt d'abord celle de l'état; la premiere regle politique eſt que tout doit concourir au bien de la ſociété. Les fondateurs qui ont donné des biens pour doter des chapelles, des prieurés, des monaſteres, ont penſé qu'ils ſervoient le public en formant ces établiſſemens ; ils ont ſuivi l'opinion de leur ſiecle; ce n'étoit point une affaire de caprice. Le gouvernement n'auroit pas permis qu'ils fondaſſent, ainſi qu'à Conſtantinople, un hôpital pour les chats, comme j'ai entendu dire qu'il en exiſtoit un. Leur diſpoſition n'a eu lieu que parce que le gouvernement l'a approuvée. Il ſe trouve aujourd'hui qu'on eſt plus inſtruit de ce qui eſt véritablement utile, que la révolution des tems a amené des changemens néceſſaires ; il ſe trouve, dis-je, que l'intention des fondateurs n'eſt plus remplie, que leur bienfait non-ſeulement ne tourne pas à l'avantage public, mais le contrarie. N'eſt-ce pas rappeller les choſes à leur véritable objet que d'en changer la deſtination? L'égliſe,

X X.

La ſeule religion publique en France eſt la religion catholique, apoſtolique & romaine; toutes les autres ſont tolérées & ne peuvent avoir de culte public.

X X I.

L'égliſe n'a aucune juriſdiction civile, mais la ſimple voie du conſeil, de l'exhortation, & l'autorité des peines canoniques auxquelles il n'eſt point attaché d'effet civil; ſon royaume n'eſt pas de ce monde.

X X I I.

La juriſdiction ſéculiere peut ſeule procurer l'exécution de ſes arrêtés, s'il y a lieu.

X X I I I.

Les habitans de la France ſont diviſés en deux ordres, celui de la nobleſſe & du tiers-

---

relativement à ſon temporel, eſt un citoyen de l'état; elle ne peut avoir de droit contre lui, ni en exercer d'autres que ceux qui concourent au bien général.

état. Le clergé ne forme point un ordre distinct, il entre dans celui de la noblesse (1).

(1) Je n'ai composé que deux ordres de citoyens, j'ai réuni le clergé à la noblesse, autre proposition qui peut encore déplaire. Le clergé est très-nombreux, & peut-être autant que la noblesse; mais cette multiplication des gens d'église n'est-elle point abusive? L'intérêt de la société exige que tout le monde soit placé & concoure au bien général. Tout ce qui excede le nécessaire dans chaque partie est dérobé au travail, & si l'on y fait attention, beaucoup d'établissemens sont des chapitres de la mendicité. A quoi se réduit la partie du clergé utile? aux Evêques, dont les revenus doivent être bornés d'une maniere convenable, à un chapitre cathédrale de chanoines qui lui serve de conseil & d'aide; aux curés & aux prêtres faisant le service dans chaque paroisse. Jusqu'à ce qu'on ait trouvé le genre d'utilité de cette multitude de couvens, de chapitres, d'abbés, de prieurs, de chapelains, on doit être autorisé à ne leur point assigner de rang dans la formation de la société. Si on considere maintenant qu'un nombre de prêtres très limité suffit pour les détails & la dignité même du service, puisque les prieres sont communes à tous les fideles, on sentira que le clergé ne peut plus être assez nombreux pour former un ordre distinct. La ferveur des vocations diminuera lorsque l'espérance sera ôtée d'acquérir de l'aisance & de la considération sans travail.

La classe laborieuse & utile des curés réclame la justice

XXIV.

L'exercice d'aucunes fonctions publiques ne peut conférer la noblesse héréditaire & transſ-

---

du gouvernement; ces consolateurs de l'humanité souffrante, ces bienfaiteurs de tous les malheureux gémissent depuis long-tems sous le poids de l'indigence; ils sollicitent avec raison de rentrer dans leur patrimoine; c'est en leur faveur que les dîmes ont été accordées; elles ont été destinées à payer leur service, & à acquitter la dépense des églises & des presbyteres. Comment se fait-il qu'elles aient passé en d'autres mains, & que les citoyens soient obligés de payer une seconde fois ceux qu'ils ont déja si magnifiquement rétribués ? Loin que cette justice soit onéreuse à l'état, elle doit diminuer la charge des citoyens. Les curés consentiront avec plaisir à ce que la quotité des dîmes soit modérée, & seulement déterminée sur un certain nombre de productions : cet ordre reprendra bientôt la considération due à ses fonctions, lorsque l'émulation aura un motif. Le titre de l'établissement des dîmes ne permet pas à ceux qui les ont usurpées de se croire garantis par l'ancienneté de leurs possessions; ils n'ignorent pas que l'abus ne se prescrit point.

Aucun des deux argumens employés pour empêcher les réformes de cet ordre ne mérite une discussion sérieuse; le premier consiste à rapporter les services rendus soit dans l'administration, soit dans les sciences, par les différens ecclésiastiques; ces succès sont dus aux qualités

missible ; elle est le prix de découvertes utiles, de services distingués & qui sortent du cours ordinaire des choses. Le roi seul peut la conférer par des lettres émanées de lui & scellées de son sceau.

X X V.

Il est permis à tout le monde de faire imprimer & distribuer ce qu'il juge à propos, à la charge de répondre de ses écrits, laquelle garantie aura lieu également contre les imprimeurs.

---

personnelles de ceux qui s'y sont adonnés, & n'appartient point à leur profession ; elle a pu leur fournir au plus quelques circonstances heureuses, que d'autres événemens auroient pu également leur procurer. Combien d'hommes ont triomphé des obstacles que le besoin opposoit aux efforts de leur génie !

Sans doute les propriétés sont plus utilement placées entre les mains des communautés qui les consomment sur le lieu, qu'elles ne le seroient entre les mains des courtisans, dont elles ne serviroient qu'à augmenter le luxe ; mais un abus ne peut-il être corrigé que par un abus plus grand encore ? Vingt familles vivroient dans l'abondance du revenu qui engraisse cinq ou six religieux inutiles au moins.

XXVI.

La police sur les ouvrages imprimés, lorsqu'ils ne sont relatifs qu'à des objets généraux, fait partie de la grande police; mais les actions dirigées par les particuliers qui se prétendroient offensés par ces écrits, contre leurs auteurs & les imprimeurs, sont du ressort des tribunaux civils, en sorte que ces tribunaux peuvent seulement réparer l'offense privée, dans le cas même où ces écrits, indépendamment de l'offense privée, contiendroient des propositions contraires aux loix, aux mœurs & au gouvernement.

XXVII.

Ce n'est point offenser la majesté des lois, que d'en discuter les avantages ou les inconvéniens. Leur empire est fondé sur la vérité.

XXVIII.

Ce qui n'appartient à aucun corps ni à aucun particulier, fait partie du domaine public, & par conséquent est sous l'administration du roi.

XXIX.

La possession des domaines, de quelque nature

qu'ils ſoient, ne donne aucune puiſſance publique.

X X X.

L'intérêt de l'argent ſera fixé par un acte du pouvoir légiſlatif, d'après ſa valeur relative, ſauf à l'augmenter où à le diminuer, ſuivant le cours des choſes.

X X X I.

Il eſt permis de ſtipuler au taux de la loi l'intérêt d'une ſomme prêtée, ſans qu'il ſoit beſoin d'aliéner le capital.

X X X I I.

Il ſera dreſſé une liſte de tous les emplois néceſſaires pour l'adminiſtration ſoit civile, ſoit militaire, dans quelque partie que ce ſoit, du nombre de perſonnes attachées à chaque département, des appointemens qui leur ſeront fixés, ſans que ce nombre puiſſe être augmenté autrement que par un décret des états-généraux, ni les appointemens être compris dans les comptes publics pour une ſomme plus forte que celle exprimée dans la liſte civile.

Entreront également dans cette liſte les dépenſes pour la conſtruction des ouvrages publics & l'entretien de ceux qui exiſtent, & qu'il convient de conſerver; la confection & réparation des routes, des fortifications, ports, arſenaux.

Le fond des penſions, avec leur diviſion entre les différens départemens, ſoit militaires, ſoit civils, ſoit des ſciences & arts.

XXXIII.

Les états-généraux régleront, ſelon leur prudence & l'utilité publique, celles des places qu'il convient dès-à-préſent de ſupprimer, & celles dont la ſuppreſſion ne s'effectuera que par la mort ou la démiſſion de ceux qui les rempliſſent; mais dès-à-préſent les ſurvivances, de quelque nature qu'elles ſoient, demeurent abrogées.

XXXIV.

Pour que la ſomme à laquelle il convient de réduire les penſions, s'effectue ſaus que le roi ſoit dans l'impuiſſance de récompenſer les ſervices actuels, il eſt autoriſé à diſpoſer de moitié de celles qui s'éteindront, juſqu'à ce que le montant total ſoit réduit à la ſomme qui ſera réglée.

X X X V.

Les honneurs attachés à l'exercice de l'autorité publique, ſont la juſte récompenſe du travail; de vains titres ſans fonctions aviliſſent les honneurs & dérobent à la ſociété des talens qui pourroient la ſervir utilement.

X X X V I.

Les dépenſes qui ſeront faites dans chaque province, les appointemens de ceux qui y ſeront employés ſeront acquittés par le tréſorier particulier de chacune d'elles; il n'aura plus, par ce moyen, à verſer au tréſor royal que la partie dont ſa recette excede cette dépenſe.

X X X V I I.

Le roi ſera prié de fixer la ſomme annuelle qu'il jugera néceſſaire pour la dépenſe de ſa maiſon domeſtique, de celle de ſa famille, l'entretien de ſes bâtimens, & autres dépenſes purement perſonnelles, au moyen de quoi ſes officiers domeſtiques & ceux de ſa famille ne feront point partie de la liſte civile.

X X X V I I I.

La ſomme qu'il jugera à propos de régler

lui ſera payée ſur les quittances de la perſonne qu'il commettra, & ne fera partie qu'en maſſe des comptes du tréſor royal.

XXXIX.

Les miniſtres, chacun dans leur département, ſont reſponſables perſonnellement de l'emploi des fonds aux objets pour leſquels ils ont été aſſignés, ſans qu'aucun ordre puiſſe excuſer le divertiſſement qui en auroit été fait.

XL.

Le nombre des troupes réglées tant à pied qu'à cheval, ſera déterminé par un décret des états-généraux, ſans qu'il ſoit permis d'excéder ce nombre, ſauf en tems de guerre, à l'augmenter ſuivant les circonſtances, ce qui ne pourra avoir lieu qu'en vertu d'un pareil décret (1).

---

(1) Puiſque la police de l'Europe a impoſé à tous les gouvernemens la néceſſité d'entretenir des troupes réglées, il ſeroit à deſirer que tous les ordres de citoyens profitaſſent de cette dépenſe : la nobleſſe, ſuivant le régime actuel, ſe l'eſt appropriée. Il en réſulte que des ſoldats, privés de toute eſpérance d'avancement, ſont peu attachés à leur profeſſion, & que les déſertions ſont fréquentes ;

XLI.

Elles feront en tems de paix réparties dans les garnifons placées fur les frontieres du royaume.

XLII.

Elles ne pourront traverfer la France en troupes & armées que pour fe rendre à leurs garnifons. Leur féjour ne fera pas de plus de trois jours dans le même lieu, à peine par les chefs d'être déclarés incapables de fervir, & punis par fix ans de prifon.

XLIII.

Les troupes continueront à être enrégimentées, & feront foumifes aux tribunaux civils, pour tout ce qui eft étranger à la difcipline militaire.

---

c'eft tout ce que je me permettrai de dire fur cet article. Le tems doit néceffairement introduire des changemens dans la maniere de compofer les armées, mais il y auroit de l'imprudence à affembler à la fois trop d'intérêts, & à prétendre que tous les établiffemens doivent acquérir d'abord la perfection dont ils font fufceptibles.

XLIV.

La ſolde des officiers & ſoldats ſera réglée proportionnellement à leurs grades, & telle que tous puiſſent ſe procurer une ſubſiſtance convenable, ſans être à charge aux citoyens.

XLV.

La marine ſera également pourvue de tel nouveau réglement qui ſera jugé utile, pour déterminer la quantité de vaiſſeaux, leur emploi, le nombre des matelots & des troupes pour leur ſervice, les écoles préparatoires, la ſolde de ceux qui ſeront employés, & tout ce qui dépend de ce ſervice.

XLVI.

Les troupes, dans le lieu de leurs garniſons, ſeront chargées de la police des villes, conformément aux réglemens dont elles ne pourront pas s'écarter, & ſeront à cet égard dépendantes des magiſtrats civils.

XLVII.

La premiere obligation de tout citoyen étant de ſe mettre en état de défendre ſa patrie, toutes

toutes les villes de quelque classe qu'elles soient, auront une milice bourgeoise, dont le nombre sera réglé sur la population de chacune d'elles, les plus considérables fournissant un ou plusieurs régimens, & les moindres une compagnie de cent hommes.

XLVIII.

Il n'y aura point de milice bourgeoise dans les villes destinées aux garnisons des troupes réglées.

XLIX.

La milice bourgeoise ne recevra aucune solde.

L.

Elle sera composée de jeunes gens depuis l'âge de dix-huit ans jusqu'à leur mariage, pris, autant qu'il sera possible, dans la classe des citoyens au-dessus de simples artisans.

LI.

Elle sera chargée, sous les ordres de la municipalité, de la police de sa ville, de prêter main-forte pour l'exécution des jugemens & de tous actes émanés du pouvoir exécutif.

L I I.

Un ſoldat ſous les armes & à ſon poſte, eſt un magiſtrat exerçant ſes fonctions ; chacun doit obéir à ce qu'il commande.

L I I I.

Les maréchauſſées ne reſtant chargées que de la police des bourgs, des villages & de la campagne, elles ſeront caſernées dans leſdits bourgs & villages.

L I V.

Le maire de la ville ſera le colonel de la troupe pour celle des villes qui fourniront un régiment, & le commandant pour celles qui ne fourniront qu'une compagnie.

L V.

Chaque ville fera choix d'un ou pluſieurs adjudans parmi les officiers des troupes réglées qui ſeront retirés du ſervice. Ils ſeront chargés d'enſeigner à la troupe le maniement des armes & les évolutions militaires.

L V I.

Les adjudans recevront une paie, auront

rang après le colonel ou commandant, & seront révocables par la municipalité de qui ils tiennent leur institution.

LVII.

Tous ceux qui entreront dans la milice bourgeoise commenceront par être simples soldats, & monteront aux différens grades par élection faite dans la troupe en présence du colonel ou commandant, des adjudans & des officiers municipaux; lesdits colonels, adjudans & officiers municipaux auront voix délibérative, & le colonel ou commandant la voix conclusive en cas de partage.

LVIII.

Les élections seront faites au scrutin.

LIX.

Quiconque ne sait pas lire & écrire ne peut pas être admis dans la milice bourgeoise.

LX.

Les dimanches & fêtes, après la célébration des offices, lorsque la saison & le tems le permettront, la milice bourgeoise fera les exercices dans un lieu découvert ; dans l'hiver, ou en cas de mauvais tems, il y sera destiné un lieu convenable & couvert.

L X I.

Plusieurs compagnies des villes voisines pourront, du consentement des commandans, être réunies pendant trois ou quatre jours au plus, pour des attaques, campemens & autres évolutions militaires.

L X I I.

L'hôtel-de-ville est le lieu du dépôt des armes & drapeaux de la milice bourgeoise ; la remise en sera faite lorsqu'il sera seulement nécessaire d'en faire usage.

L X I I I.

Tout habitant des villes dans la classe du tiers-état, qui, n'ayant point d'infirmités, n'aura pas servi pendant deux ans au moins, soit dans les troupes réglées, soit dans la milice bourgeoise de la ville où il sera domicilié, à moins qu'il n'ait été marié avant l'âge de vingt ans, ne pourra remplir aucune place dans l'administration.

L X I V.

La même incapacité aura lieu contre celui qui auroit été chaſſé de ſon corps.

L X V.

La milice bourgeoiſe ne peut être employée à la guerre qu'en vertu d'un décret du corps légiſlatif; dans ce cas, elle ne ſera point incorporée avec les troupes réglées; elle formera toujours une diviſion particuliere ſous les ordres des officiers généraux chargés par le roi du commandement de l'armée.

L X V I.

Dans le cas de guerre, les maires, colonels des régimens, ſeront remplacés par tel officier que le roi choiſira.

L X V I I.

La ſolde des milices ſera la même que celle de troupes réglées.

L X V I I I.

Il n'eſt pas plus permis de quitter la troupe au moment où il s'agit de défendre l'état, qu'il n'eſt permis à un françois de fuir devant l'ennemi qu'il peut combattre.

§. Ier.

Droits des Citoyens.

ARTICLE PREMIER.

TOUS les habitans de la France sont libres de la plus entiere liberté en obéissant aux loix.

II.

Les droits de main-morte, bordelage & autres, sous quelque dénomination que ce soit, qui affectent la liberté naturelle, demeurent éteints & supprimés en remboursant le prix auquel seront évalués lesdits droits par arbitres choisis, un tiers dans l'ordre de la noblesse, & les deux autres tiers dans l'ordre du tiers-état.

III.

Les capitaineries demeurent pareillement abrogées, sans qu'il puisse en être établi à l'avenir. La chasse appartient aux seigneurs des différens territoires ayant la directe universelle, & à chacun de ceux ayant une directe particuliere contigue & non éparfe fur l'étendue de cette directe.

I V.

Il eft permis à chacun d'enclore fon héritage & d'y chaffer exclufivement, fans qu'on puiffe forcer fa clôture. Il ne peut cependant laiffer dans fes murs une ouverture pour l'entrée du gibier, mais feulement pour l'écoulement des eaux pluviales. L'entrée des haies fera également fermée par une porte.

V.

Aucun françois ne peut accepter d'ordre de dignité des puiffances étrangeres, ni en porter la décoration, à peine d'être cenfé renoncer à fa patrie.

V I.

Les citoyens, foit en matiere civile, foit en matiere criminelle, font jufticiables de leurs juges naturels feulement. Tous commiffaires particuliers qui auroient prononcé la peine de mort contre un citoyen deviennent coupables d'homicide; & dans le cas où leurs jugemens prononceroient des peines afflictives ou des condamnations pécuniaires, ils sont responsables de tous dommages-intérêts & réparations qui seront arbitrés, sauf à être poursuivis comme usurpateurs de l'autorité publique.

VII.

Toutes évocations, attributions particulieres & autres concessions qui tendroient à distraire les citoyens des tribunaux de leur ressort, sont anti-constitutionnelles.

VIII.

Les juges naturels sont ceux du domicile du défendeur en matiere personnelle, & de la situation des biens-fonds en matiere réelle ou mixte.

IX.

Lorsque les biens seront situés dans deux jurisdictions différentes, la cour d'appel réglera celle des deux qui doit décider la question, si les parties ne s'accordent point sur le choix. Dans le cas où les biens seroient situés dans deux provinces différentes, le conseil du roi réglera la compétence des deux cours.

X.

La peine de mort naturelle ou civile n'emporte point la confiſcation des biens.

X I.

Les maiſons ſont un aſyle inviolable, l'entrée n'en peut être forcée que pour des cas extraordinaires déterminés par une loi ; pour le paiement des dettes civiles ou pour la pourſuite des crimes, mais non pour la recherche du fiſc.

X I I.

Aucun citoyen ne peut être privé de ſa liberté, exilé de ſon domicile, enrôlé dans les troupes, tranſporté dans les colonies, qu'en vertu d'un acte du pouvoir légiſlatif, ou d'un jugement émané des tribunaux.

X I I I.

Les lettres de cachet émanées du roi, ayant pour objet de prévenir le crime, ou d'en procurer la punition, lorſqu'il eſt commis, ſont dans ces deux cas l'exercice d'un pouvoir légitime (1).

---

(1) Lorſque les lettres de cachet ne pourront plus ſervir à des vengeances particulieres, elles concourront

XIV.

Elles pourront être accordées ſur la demande des parens intéreſſés à réprimer l'inconduite, les diſſipations ou les déréglemens des perſonnes de leur famille, après la vérification des faits par la municipalité. Lorſque les perſonnes dont l'inconduite donnera lieu à provoquer la détention, n'auront point de parens qui ne ſoient au-delà du degré de couſins iſſus de germain, la lettre pourra être demandée par la municipalité intéreſſée à prévenir tout ce qui peut troubler l'ordre public. Leſdites lettres, les mémoires ſur leſquels elles ont été obtenues, & ceux contenant la vérification des faits, seront dépoſés au greffe de la municipalité dans les diſtricts de laquelle ſera ſituée la maiſon de correction ou de force deſtinée à recevoir le priſonnier.

XV.

Le ſecond cas où la lettre pourra être décernée, ſera lorſqu'il s'agira d'arrêter un cou-

efficacement à maintenir l'ordre dans la ſociété; elles ſeront un ſupplément utile aux loix qui peuvent punir le crime, mais qui ne le préviennent pas.

pable prévenu d'un crime, & d'empêcher qu'il ne se dérobe à la punition par la fuite. Les prévenus de crime ainsi arrêtés seront conduits dans la prison du juge à qui il appartiendra de connoître du délit, & l'effet de ladite lettre ne subsitera que pendant la huitaine, à compter du jour de la détention, en sorte que si dans cet intervalle la détention n'est pas ordonnée par un jugement, le prisonnier soit mis sur-le-champ en liberté, sans qu'il soit besoin d'aucun ordre ou jugement.

X V I.

La police des prisons, maisons de correction, de force, ou autres de quelqu'espece & sous quelque dénomination qu'elles soient, appartient au juge du territoire sur lequel elles sont placées. Il est obligé de les visiter une fois chaque semaine.

X V I I.

Le travail des citoyens étant la véritable richesse de l'état, la maniere de vivre la plus honorable est celle de vivre de son talent, de son travail & de son industrie.

X V I I I.

Tout homme qui, parvenu à l'âge de trente

ans n'exerce point une profession, ou ne remplit point une place, ne peut avoir part à l'administration des affaires publiques.

XIX.

Celui-là en est également incapable, qui, n'ayant aucune infirmité, vit oisif avant d'avoir atteint l'âge de soixante ans.

XX.

Toute corporation d'arts & métiers demeure supprimée, sans qu'il en puisse être établi aucune à l'avenir.

XXI.

Nulle permission n'est nécessaire pour former une manufacture ou un attelier; il suffit d'être propriétaire du terrein.

XXII.

Nul privilége exclusif ne peut avoir lieu qu'en vertu d'un décret du corps législatif, & en faveur de celui seulement qui a fait une découverte utile; le tems en sera limité, à moins que le corps législatif ne préfere d'en acheter le secret pour le faire connoître.

§. II.

Des Impositions.

ARTICLE PREMIER.

LA contribution de chaque citoyen aux dépenses du gouvernement étant le prix de la protection qu'il reçoit de la société, de la sûreté de sa personne, de la conservation de ses propriétés, tous sans aucune distinction doivent y contribuer dans la proportion de leurs propriétés.

II.

Tout impôt personnel est vicieux de sa nature, parce qu'il est arbitraire & fondé sur l'appréciation de choses inconnues. Tout impôt sur un mobilier sujet à déplacement, & qui ne peut être perçu que par le moyen des perquisitions dans l'intérieur des maisons, est contraire à la liberté.

III.

Les taxes seront établies sur les fonds & sur les consommations.

I V.

Les barrieres dans l'intérieur de la France seront supprimées, mais non les entrées dans les villes pour les objets qui s'y consommeront, suivant les tarifs qui seront arrêtés en raison de la classe de chacune d'elles. Les propriétaires de différens péages dans l'intérieur de la France seront remboursés du prix qu'ils en retirent, déduction faite des frais d'entretien & de perception, en rapportant les titres justificatifs de leur propriété & du revenu qu'elle leur produit.

V.

Nul impôt ne peut être accordé que pour un tems limité; celui dont la durée ne seroit point fixée sera censé de droit n'être établi que pour un an.

V I.

Tout emprunt public étant un véritable impôt dont la perpétuité, tend à absorber les fonds des années & souvent des générations suivantes; il ne pourra en être fait que sous la condition de déterminer l'époque du remboursement & de fournir une hypotheque spéciale des fonds propres à l'opérer.

VII.

Toute imposition publique doit être générale ; elle doit être acquittée par tous les citoyens & dans toutes les provinces sans distinction, relativement à leurs richesses & dans la proportion qu'elles ont entre elles.

VIII.

Tout privilége qui tendroit à dispenser quelque personne que ce soit, même des villes & provinces, d'acquitter quelque partie que ce fût des impositions publiques, qui accorderoit des abonnemens particuliers, est anti-constitutionnel ; cependant les abonnemens généraux avec les provinces sont valables, lors même que quelques-uns refuseroient d'accepter les conventions faites avec les autres. Les provinces refusantes pourront dans tout état revenir contre leurs refus.

IX.

Le roi seul est exempt de toutes contributions pour les châteaux, terres & fiefs de la couronne, parcs & bois en dépendans, à moins qu'ils ne ſoient affermés, auquel cas le fermier paiera les impoſitions. A l'égard des biens particuliers qu'il pourroit acquérir, ils ſont ſujets à l'impoſition; elle ſera acquittée ſous le nom de celui qui eſt chargé de leur conſervation.

X.

Toute perception faite ſans être autoriſée par un acte du pouvoir légiſlatif, eſt un vol; non-ſeulement celui qui l'entreprendroit eſt ſujet à la peine du vol, mais il eſt hors de la protection de la loi; elle ne vengera pas ſa mort.

X I.

La perception au-delà de ce que la loi a réglé donnera lieu à une demande en reſtitution & à des dommages-intérêts; elle ſera en outre punie ſuivant les circonſtances.

§. III.

§. III.

Des Domaines de la Couronne.

ARTICLE PREMIER.

Les domaines de la couronne consistent dans les objets ci-après : les châteaux, emplacemens & jardins du Louvre & des Tuileries, ceux de Versailles, Saint-Germain, Marli, Compiegne & Fontainebleau, terres, parcs & forêts en dépendans, dans la suzeraineté, soit médiate, soit immédiate, sur tous les fiefs du royaume (1).

(1) La vente des domaines a été proposée lors de la premiere assemblée des notables, & elle a été rejettée avec raison ; ce n'est pas qu'il y eût quelque chose à répondre aux motifs sur lesquels la proposition étoit établie, mais on craignoit que les fonds ne fussent dissipés, & que la France ne perdît une ressource précieuse, pour le moment où il existeroit une constitution. Toutes les opérations sages sont donc subordonnées à la formation d'une constitution. L'établissement d'une banque nationale peut opérer le plus grand bien, s'il existe une constitution, si les moyens de piller les trésors de l'état sont supprimés, au-

II.

Ces domaines ſont inaliénables.

III.

Les autres domaines attachés maintenant à la couronne, ſitués dans les différentes provinces, ſeront vendus & adjugés par les aſſemblées provinciales, chacune dans leur reſſort, pour le prix en provenant être employé, d'après les décrets des états-généraux, à l'acquit des dettes publiques.

---

trement il doit être la ruine de la France, & reproduire le ſyſtême de Law. Cette réforme eſt encore un ſacrifice de la part de la nobleſſe & des courtiſans, dont elle tarit une ſource de fortune, puiſque le revenu des domaines ne profite qu'aux hommes favoriſés. Les dépenſes ſont pour le compte du tréſor public. On pourroit peut-être craindre que le roi, ayant lui ſeul, pour ſa dépenſe perſonnelle, des richeſſes auxquelles nulle autre fortune n'eſt comparable, ne parvînt à envahir toutes les propriétés particulieres. J'avois ſongé à quelques précautions propres à prévenir cet abus, l'expérience m'a bientôt prouvé qu'elles étoient inutiles; l'infiniment petit nombre des rois qui ont laiſſé quelques économies doit ôter toute inquiétude.

I V.

Il ſera conſervé cependant au roi telles autres maiſons de plaiſance qu'il lui plaira ſe réſerver, pour en jouir pendant ſa vie.

V.

Seront auſſi exceptées de la vente ci-deſſus les maiſons & propriétés qui ſeroient jugées convenables dans chaque province pour y former les établiſſemens de la nature de ceux exprimés dans les articles XIV & XV du premier chapitre, & leur ſervir de dotation, ou pour tous autres qui ſeroient jugés néceſſaires.

V I.

Les droits de mouvance & de directe attachés à ces différentes poſſeſſions, en ſeront retirés & vendus ſéparément; la partie conſervée formera un franc-alleu roturier.

V I I.

Les biens que le roi pourroit acquérir par la ſuite, formeront ſon domaine privé dont il pourra diſpoſer à ſa volonté.

VIII.

Les fils de France, autres que le fils aîné du roi, seront, lors de leurs mariages, dotés de telle somme qui sera fixée par les états-généraux, ou par le paiement des intérêts, jusqu'à l'emploi que les princes jugeront à propos d'en faire.

IX.

Les apanages donnés aux princes du sang royal seront vendus lors de l'extinction du dernier mâle de ces familles.

---

§. IV.

Des Poids & Mesures:

ARTICLE PREMIER.

Les poids & mesures seront rendus uniformes dans le royaume, à compter du premier janvier 1790; la livre sera de seize onces poids de marc.

La mesure des grains de livres, ayant de circonférence & d'élévation ou de profondeur.

I I.

L'aune eſt de ~~vingt-deux~~ pouces de cours.

I I I.

La meſure des terres eſt de cent perches, la perche de vingt pieds, & le pied de douze pouces.

I V.

Les liqueurs ſeront vendues dans des futailles contenant quatre cent quatre-vingt bouteilles, ou dans des demi-futailles de deux cent quarante, quarts de cent vingt, & ainſi de ſuite en décroiſſant par moitié.

V.

La bouteille contient la quantité de liqueur contenue dans un cube de....

V I.

Les redevances à des poids & meſures autres que ceux ci-deſſus exprimés, ſeront appréciées à ceux-ci ; il ne pourra en être énoncé d'autres à l'avenir dans les actes, ni expoſé en vente aucune denrée à une jauge différente, à peine de confiſcation.

CHAPITRE II.

De la Puiſſance Légiſlative.

ARTICLE PREMIER.

LA puiſſance légiſlative réſide eſſentiellement dans la nation, d'où émane toute autorité ; c'eſt à elle que le gouvernement appartient ; c'eſt pour elle & par elle qu'il eſt établi. Elle peut par conſéquent ſeule faire les loix, les réformer, changer ou modifier la conſtitution, créer les adminiſtrations, les révoquer, en ſubſtituer d'autres, & généralement faire tous les réglemens qu'elle juge utiles à ſa conſervation.

II.

La nation eſt compoſée du roi, ſon premier magiſtrat, des princes de ſon ſang, des ducs & pairs & des repréſentans des provinces (1).

(1) Je ne vois point de place aſſignée aux ducs & pairs dans la formation des états-généraux, j'en ignore la cauſe ; il m'a paru de juſtice & de convenance de les y appeler, à raiſon de la puiſſance publique attachée à leur

III.

Les princes n'ont voix délibérative que lorſqu'ils ont atteint la vingtieme année de leur âge, & les ducs & pairs qu'à leur majorité.

IV.

Le nombre des repréſentans des provinces ſera fixé à raiſon de leur population; les deux tiers ſeront choiſis dans l'ordre du tiers-état, & le tiers ſeulement dans celui du clergé & de la nobleſſe.

V.

Les aſſemblées provinciales pourront nommer leſdits repréſentans tant parmi ceux qui ſe trouveront en fonctions au moment de l'élec-

---

dignité; eux ſeuls forment une branche de l'autorité légiſlative dans la conſtitution de l'Angleterre; c'eſt à raiſon de ce que je propoſe de leur donner une vocation de droit, ce qui augmenteroit le nombre des nobles, que j'ai déterminé, article IV, la proportion entre cet ordre & celui du tiers-état, de façon que les repréſentans éligibles du premier ordre ne ſoient que du tiers, & que les membres du tiers-état forment les deux tiers.

tion, que parmi les membres qui ont fait ci-devant partie de leur assemblée (1).

V I.

Chaque députation sera de quatre ans, sauf les trois premieres années, pendant lesquelles les trois quarts des députés seront remplacés

(1) La complication du réglement qui a été nécessaire pour parvenir aux élections, l'incertitude des choix entre des personnes répandues dans le ressort de chaque bailliage, qui ne se connoissent que très-imparfaitement, ou qui ne se connoissent point du tout, doit convaincre que cette maniere n'est pas la plus avantageuse ni la meilleure pour se procurer des sujets éprouvés. L'élection faite par les assemblées provinciales, qui ont déja subi deux élections, paroît remplir plus sûrement le but; il est vrai que les élections n'ont pas encore eu lieu pour les assemblées provinciales, du moins pour la partie des membres que le roi a nommés lui-même; mais les choses prendront leur consistance au moment prochain où les assemblées se renouvelleront. Il est à croire que les provinces choisiront leurs représentans parmi l'élite de leurs membres: la connoissance particuliere qu'ils auront acquise dans leurs assemblées, de la force, des ressources, des besoins, du régime de leurs provinces, assurera leur théorie, & facilitera la discussion & la décision des affaires; cette forme m'a paru concilier tous les intérêts.

chaque année, un quart par les provinces dont les députés se retireront (1).

VII.

Par ce moyen, un quart des députés de chaque province sera remplacé annuellement.

VIII.

Le sort décidera des provinces dont les députés sortiront les premiere, deuxieme & troisieme années, &c.

---

(1) On sent généralement l'utilité des états périodiques; mais personne n'a encore déterminé quelle seroit la période de leur convocation. Il m'a semblé qu'il étoit impossible qu'elle ne fût pas annale, si aucune loi ne peut exister que du consentement de la nation; il est indispensable, sur-tout dans le moment de la régénération, que chaque année perfectionne le plan & le consolide. Une réforme générale ne peut pas être l'ouvrage d'un moment, elle exige quinze ans de travail. L'embarras de réunir tant de personnes, la dépense qu'elles entraîneront, sont de foibles considérations, si on les compare à l'avantage public qui doit en résulter, si on les compare à l'économie immense que doit produire le rétablissement de l'ordre dans chaque partie. Quand la convocation des états-généraux occasionneroit deux millions de frais, qu'est-ce que cette somme prise sur la France entiere?

I X.

Les députés des états-généraux éligibles ne pourront être réélus sous quelque prétexte & pour quelque considération que ce soit, si ce n'est après huit ans révolus : les députés des provinces, dont les fonctions auroient cessé après la premiere & la seconde année, sont seuls exceptés de cette prohibition (1).

X.

Les états-généraux nommeront en outre six procureurs-généraux-syndics, dont deux pris dans l'ordre du clergé & de la noblesse, &

(1) Cet article m'a paru d'une telle importance, que sans lui les réglemens les plus sages n'offriroient qu'une multitude d'inconvéniens. Si les membres des états-généraux pouvoient être perpétuels, la corruption s'y introduiroit nécessairement. Le moment à venir seroit sacrifié sans cesse au moment présent; les priviléges s'établiroient, les états-généraux ne seroient plus qu'un sénat aristocratique & tyrannique, l'ennemi & l'oppresseur de la nation: la séduction n'a point ou n'a que très-peu de prise sur un corps mobile; chacun d'eux est contenu par la seule considération que son pouvoir n'a qu'un instant, que la loi injuste qu'il consentiroit l'opprimeroit bientôt. Son intérêt ne peut pas être séparé de l'intérêt public.

quatre dans le tiers-état. Toutes les propositions leur seront communiquées en cas de partage d'avis pour donner leur opinion. Ils pourront assister à toutes les séances, mais sans voix délibérative. Ils seront les agens du corps des représentans auprès du roi & des ministres, & chargés de poursuivre en son conseil toutes les accusations qui auront été arrêtées par la chambre.

XI.

Les députés particuliers ne peuvent être élus avant l'âge de trente ans.

XII.

La loi résulte du concours des deux pouvoirs, la chambre des représentans & le roi; en telle sorte qu'à la chambre appartient exclusivement la proposition & la rédaction des articles, & au roi la sanction, la formule législative & l'explication des motifs qui donnent lieu à son établissement.

XIII.

Cependant, s'il échoit de prendre quelques délibérations, soit relatives à la personne du roi, soit pour conférer la régence dans le cas de minorité, soit pour disposer du trône dans le cas d'extinction des mâles de sa famille, ou d'incapacité de ses successeurs, les délibérations seules de la chambre des représentans feroient loi : mais alors la proposition ne formera arrêté que lorsqu'elle sera consentie par les deux tiers des suffrages au moins.

XIV.

Hors ces cas, toutes les propositions passeront à la pluralité des suffrages.

XV.

Ils seront recueillis par le président de la chambre ; non de suite par rang de séance, mais en telle sorte, qu'après que deux députés pris dans l'ordre du clergé & de la noblesse auront donné leurs voix, quatre députés du tiers-état soient appelés pour opiner & ainsi successivement.

XVI.

Lorsqu'une proposition aura été rejettée, elle ne pourra plus être remise en délibération la même année.

XVII.

La propoſition ne ſera cenſée arrêtée qu'après trois lectures faites de ſemaine en ſemaine, avec approbation perſévérante & pluralité des ſuffrages, en cas d'oppoſition de quelques membres.

XVIII.

Après les trois lectures confirmées par la pluralité des ſuffrages, la propoſition ſignée du préſident de la chambre & du ſecrétaire, ſera remiſe au chancelier pour avoir l'approbation du roi.

XIX.

Pendant le cours des ſéances du parlement, le roi ſe rendra, le jour qu'il lui plaira indiquer, dans le lieu de l'aſſemblée revêtu des marques de ſa dignité. Il ſe placera ſur un trône qui ſera élevé à cet effet, & qui reſtera vacant lorſqu'il ne l'occupera pas. Il ſera accompagné des capitaines de ſes gardes, de ſes miniſtres répartis aux deux côtés proche de ſa perſonne.

XX.

Il ſera fait lecture des loix propoſées par le miniſtre du département qu'elles concernent.

XXI.

Toutes celles relatives au droit particulier, lorſque le roi aura jugé à propos de leur donner la ſanction, ſeront répondues en ces termes par le chancelier : Le roi approuve & l'ordonne ainſi :

XXII.

Lorſqu'elles auront pour objet une impoſition ou un emprunt, la formule d'approbation ſera : Le roi remercie ſes fideles ſujets, promet d'employer le montant de l'impoſition ou de l'emprunt ſelon ſa deſtination, d'en faire remettre les comptes aux états-généraux, pour être arrêtés par eux, enſuite imprimés & rendus publics.

XXIII.

Si le roi n'a pas jugé à propos d'accepter la loi, la formule de réponſe ſera : Le roi délibérera de nouveau.

XXIV.

Le roi ne peut être obligé de donner des motifs de ſon refus.

XXV.

Toutes les loix ſont inſtituées du nom du roi, & porteront à la fin : fait & arrêté en l'aſſemblée des états-généraux, les princes, ducs & pairs & repréſentans y ſéant, du conſentement général, avec la date du jour de la ſéance du roi, du mois & de l'année. Elles ſeront ſignées du roi, au-deſſous du miniſtre dont elles intéreſſeront le département. A côté de la ſignature du roi, & un peu au-deſſous ſera celle du préſident de l'aſſemblée, & au-deſſous de celle-ci, celle du ſecrétaire en chef des états. Elles ſeront ſcellées du grand ſceau, & viſées par le chancelier.

XXVI.

Il ſera fait deux minutes en parchemin, dont l'une ſera remiſe au ſecrétariat des états-généraux, & l'autre ſera dépoſée dans les archives de la couronne.

XXVII.

Le préſident de la chambre ſera à la nomination du roi, & ne pourra être choiſi que parmi les princes ou pairs.

XXVIII.

L'ordre des séances sera ainsi réglé : les princes du sang seront répartis à droite & à gauche du président, selon leur rang; ensuite les ducs & pairs, selon l'ancienneté de leur pairie; après les ducs & pairs, les représentans des provinces de l'ordre du clergé & de la noblesse, selon le rang de ces provinces; derriere ce premier rang, sur des banquettes plus élevées, de façon que tout le monde puisse voir & être vu, & des deux côtés, les représentans des provinces tirés de l'ordre du tiers-état, en ayant attention que chacun d'eux soit placé selon le rang dans lequel il doit opiner.

XXIX.

Le rang des provinces sera tiré au sort dans la premiere assemblée, & arrêté définitivement; il en sera dressé procès-verbal dont la minute sera signée du président & contresignée par le secrétaire des états-généraux, pour être déposée aux archives.

XXX.

Lorsque la nature des affaires demandera

qu'il

qu'il ſoit établi des bureaux particuliers, ſoit pour approfondir les queſtions, ſoit pour faire des vérifications, les différens commiſſaires ſeront pris dans les deux ordres, ſelon la proportion établie entre eux, le tiers-état fourniſſant quatre membres contre deux pris de l'ordre du clergé & de la nobleſſe.

XXXI.

Rien de ce qui ſe paſſe dans l'intérieur des états-généraux ne peut donner lieu à des recherches ou pourſuites dans quelque tribunal que ce ſoit.

XXXII.

La police du corps appartient au corps ſeul qui peut faire tel injonction, infliger telle amende, prononcer telle ſuſpenſion & pour tel tems limité qu'il jugera convenable, ſuivant la gravité du délit, contre celui des membres de l'aſſemblée qui en aura troublé l'ordre, ou manqué à la décence & aux égards dus tant au lieu qu'aux perſonnes.

XXXIII.

La chambre des repréſentans nommera les

employés néceſſaires pour le ſervice ; un ſecrétaire en chef, deux autres ſous ſes ordres pour le remplacer & avoir la direction des employés, les huiſſiers & autres en tel nombre qu'il ſera jugé néceſſaire ; elle fixera les appointemens de chacun d'eux.

XXXIV.

Ces officiers feront partie de la liſte civile ; leurs appointemens, ainſi que les frais de bureau arrêtés par la chambre, feront payés ſur le tréſor royal.

XXXV.

Chaque membre de l'aſſemblée pourra faire telle motion que l'intérêt public lui paroîtra demander, ou qu'il ſera chargé, par l'aſſemblée provinciale dont il eſt membre, de propoſer.

XXXVI.

Cependant, pour éviter toute confuſion, les repréſentans, de quelqu'ordre que ce ſoit, feront tenus de remettre au préſident l'état des propoſitions qu'ils ont deſſein de faire. Il en ſera fait une liſte qui ſera affichée dans la ſalle de l'aſſemblée, avec le nom du propoſant, & l'ordre dans lequel chacune d'elles ſera faite.

XXXVII.

Il ne ſera permis à aucun des délibérans de s'écarter de la propoſition pour agiter une autre queſtion, à moins qu'elle ne ſoit connexe à la propoſition, de façon qu'elle en faſſe une partie néceſſaire.

XXXVIII.

Dans le cas où le délibérant s'écarteroit de la propoſition, le préſident pourra l'en avertir & l'obliger à donner diſertement ſon avis.

XXXIX.

Le préſident ne pourra refuſer aucunes des motions qui lui ſeront propoſées, ni intervertir l'ordre dans lequel elles doivent être miſes en délibération : la chambre ſeule a ce pouvoir.

XL.

Il ſera tenu regiſtre de toutes les propoſitions & des délibérations qui les auront adoptées ou rejettées, du nombre de ſuffrages pour l'affirmative ou la négative; en cas de partage, chaque propoſition arrêtée à la pluralité des suffrages, sera signée du président ; contresignée du secrétaire général ou de ceux qui remplacent l'un & l'autre en cas d'absence ou de maladie.

XLI.

Aussi-tôt la separation des états-généraux, les cahiers seront imprimés à la diligence des procureurs-généraux-syndics, & rendus publics.

XLII.

Les ministres du roi ont le droit d'assister aux états-généraux pour y faire leurs propositions, mais sans voix délibérative.

XLIII.

Leur place est dans le parquet, sur les bancs en face du président, à l'extrémité des deux lignes occupées par les représentans des deux ordres, au-dessous du bureau des procureurs-syndics & du secrétaire en chef.

XLIV.

Les premieres séances de chaque assemblée seront employées à l'apurement du compte du trésor royal contenant la recette des différentes provinces & l'emploi qui en a été fait.

X L V.

Ces comptes seront rendus publics par la voie de l'impression, sans que les arrêtés de la chambre sur cet objet aient besoin d'être sanctionnés par le roi.

X L V I.

Le compte de l'année courante restera toujours en souffrance pour donner le tems de le dresser.

X L V I I.

Les comptes particuliers de la recette de chaque province seront arrêtés par les assemblées provinciales, ou leurs commissions, en se conformant aux décrets des états-généraux ; ils seront pareillement imprimés & rendus publics ; un exemplaire de chacun d'eux sera envoyé au secrétariat du parlement.

X L V I I I.

Les séances des etats-généraux commenceront au premier décembre de chaque année, ou autre jour suivant en cas de férie, &

continueront ſans interruption juſqu'au premier avril, à moins que le roi ne juge à propos de les ſéparer avant ce terme, ou de les proroger au-delà ; il peut de même les convoquer dans des cas extraordinaires.

X L I X.

Dans le cas de mort du roi dont le ſucceſſeur ſeroit en minorité, le préſident des états-généraux, ou, en cas de mort de celui-ci, le premier prince du ſang eſt autoriſé à faire la convocation.

L.

Le roi eſt le maître de déſigner le lieu qu'il juge à propos pour la ſéance des états-généraux ; mais Paris eſt la capitale du royaume, le chef-lieu de toutes les correſpondances, la ville la plus proche de ſa réſidence, & le Louvre offre l'emplacement le plus convenable pour une grande aſſemblée.

L I.

Lorſque les états-généraux ſe tiendront dans une ville où il y a milice bourgeoiſe, ladite milice fera la garde & recevra l'ordre du préſident.

L I I.

Dans les villes de Paris & autres destinées à la garnison des troupes réglées, lesdites troupes feront la garde & seront pareillement aux ordres du président pendant le tems de la séance.

L I I I.

La garde du roi, lorsqu'il vient à la chambre des représentans, ne l'accompagne que jusqu'à la porte extérieure du lieu où se tiennent les séances : l'honneur de le garder est le droit de ses plus fideles sujets.

L I V.

Dans le cas de mort ou de démission d'aucuns des représentans, soit pendant la séance des états-généraux, soit dans l'intervalle des séances, il sera remplacé par un député pris dans le même ordre & choisi par l'assemblée de la province où se trouvera ladite vacance.

L V.

Aucun représentant ne peut recevoir de grace pécuniaire du roi, pendant que dure son exercice.

L V I.

Les frais de voyage & de retour des députés des différentes provinces seront une charge locale de chacune d'elles, ainsi que le loyer de la maison pour les loger pendant le tems des séances.

L V I I.

Les honoraires de chacun des députés, s'il convient d'en accorder, ne peuvent être qu'une indemnité de leur dépense. Ils seront fixés par les états-généraux & acquittés par le trésor royal.

L V I I I.

Ils seront répartis à chacun par jour de séance sur l'appel qui sera fait; ceux des députés qui viendroient après l'appel ne pourront être réputés présens ; ne seront cependant point regardés comme absens ceux qui pour cause de maladie n'auroient pas pu se rendre, & qui en auront prévenu ou fait prévenir le président.

L I X.

Les séances commenceront chaque jour non

férié à dix heures du matin, & finiront à trois heures, si les affaires l'exigent.

L X.

Les accusations dirigées par la chambre des représentans contre les ministres ou hommes publics coupables de prévarications dans la disposition des revenus publics, seront jugés au conseil du roi; ceux de même nature qui seront poursuivis par les assemblées provinciales, seront poursuivis dans la cour d'appel de leur résidence.

L X I.

Tous les citoyens seront invités par des récompenses & des distinctions à proposer leurs vues sur la maniere de réformer les loix civiles & criminelles, & de les remplacer par un code simple, uniforme & dégagé de toutes les abstractions qui en compliquent l'étude & en rendent l'application arbitraire; sur la modération des peines à infliger, telles qu'elles conviennent à un peuple libre. Ils ne perdront point de vue que l'instruction en matiere criminelle faisant partie du fond, la publicité de l'instruction est le plus sûr garant de la vérité des faits; que si l'intérêt public demande que les crimes soient punis, il exige encore plus impérativement que l'innocence soit en sûreté & garantie de tous les piéges (1).

---

(1) La formation d'un code civil & uniforme est peut-être l'entreprise la plus difficile à exécuter; les préjugés, l'esprit de parti, les intérêts particuliers multiplieront sans fin les obstacles. Notre législation est embarrassée par-tout d'une métaphysique inintelligible, qui prouve dans quel état étoit la philosophie au moment où elles ont été rédigées. Si l'on y fait attention, nos coutumes, presque toutes formées sur le même plan, ne different que dans quelques accessoires peu considérables; par exemple, elles ne permettent pas de disposer de la totalité des propres par testament, mais les unes limitent la faculté qu'elles accordent au quint, d'autres au quart, & à d'autres quotités; toutes accordent une légitime, & la fixent diversement : la plus grande variété me paroît consister dans le droit de succéder en ligne directe. Quelques coutumes donnent la totalité des biens à l'aîné, & réservent aux puînés & aux filles une légitime modique; d'autres exigent, au contraire, la plus grande égalité entre les enfans : sans vouloir décider lequel des deux régimes est préférable, il est cependant nécessaire de le déterminer, c'est à l'opinion publique à juger. Ce qu'on appelle les fictions de droit forme une autre branche de difficultés. Si j'avois à proposer quelques réflexions sur ce sujet, je réduirois tout ce chapitre à ce seul article; les choses ne

peuvent être que ce qu'elles ſont. A quoi ſervent ces diſtinctions de propres de ſucceſſion, de communauté, de diſpoſition; ces immeubles qui deviennent des meubles, & ces meubles convertis en immeubles? toutes ces ſubtilités ſemblent avoir été imaginées par les gens de loi, pour ſe faire un domaine à part; ſemblables aux prêtres d'Egypte, ils ſe ſont réſervés des myſteres, dont la connoiſſance étoit interdite aux profanes, c'eſt-à-dire, à ceux qui n'étoient pas de leur ſecte. La plus grande oppoſition à toute réforme doit venir des gens de loi, intereſſés à défendre leur patrimoine.

A l'égard des loix criminelles, elles ſe diviſent en deux branches, le genre de peine attaché au crime, & la maniere d'en découvrir les auteurs; ces deux codes ſont également à faire. On eſt indigné, en liſant celui relatif aux peines, des recherches imaginées pour le tourment des coupables; les furies ſemblent avoir conſigné leurs vangeances dans ce livre de ſang. Il eſt inconteſtable que la ſûreté de la ſociété demande la punition des crimes, mais l'expérience apprend que leur plus grande rigueur n'eſt pas un frein ſuffiſant; les imaginations ſont d'abord effrayées; l'habitude émouſſe cet aiguillon, & les plus grands ſcélérats finiſſent par être l'objet de la pitié.

Dans notre ancien droit françois, perſonne n'étoit chargé pariculiérement de l'inſtruction des matieres criminelles; chaque citoyen ſe défendoit devant ſes pairs: ceux-ci entendoient les témoins, interrogeoient l'accuſé; tous les actes ſe dreſſoient en public; lorſque les pairs avoient déclaré qu'un homme étoit coupable d'un délit qu'ils déterminoient, le juge entroit en fonctions,

& appliquoit la peine de la loi; cette forme eſt encore celle de l'Angleterre, & l'on vante ſa ſageſſe. Si l'inclination à la douceur, naturelle aux jurés, ſauve quelques coupables, c'eſt un mal, mais il eſt moindre que ces mépriſes effrayantes & multipliées, depuis vingt ans, à un tel excès, que l'innocence ne peut jamais ſe croire en ſûreté : on dira tout ce que l'on voudra, mais des juges brévetés ne peuvent ſe défendre d'une prévention contre les accuſés ; elle eſt fondée, juſqu'à un certain point, ſur ce que le plus grand nombre eſt réellement coupable, même lorſque le défaut de preuve néceſſite leur abſolution : les juges ont encore une eſpece d'intérêt implicite à trouver des coupables; il agit ſur eux, même malgré eux, & ſans qu'ils s'en apperçoivent. La punition a un éclat qui doit imprimer la crainte dans les eſprits; ſi c'eſt celle de la loi, il n'eſt pas poſſible qu'elle ne reflue ſur ceux qui ſont chargés de l'interpréter; & la crainte n'eſt rien moins qu'étrangere à la conſidération perſonnelle.

CHAPITRE III.

De la Puiſſance exécutrice.

ARTICLE PREMIER.

LE roi eſt le premier magiſtrat de la nation; il tient d'elle ſes pouvoirs dont elle a concédé l'uſage a ſes auteurs, & qui lui ſont tranſmis par droit ſucceſſif (1).

(1) Ce doit être une vérité pour quiconque à lu, non pas ce que nous appellons l'hiſtoire de France, qui n'eſt que le récit de quelques actions particulieres aux rois, mais les monumens de notre hiſtoire, que le trône a été électif ſous la premiere & la ſeconde race : nous avons encore deux loix qui le déclarent formellement, les teſtamens de Charlemagne & de Louis-le-Dévot; on peut même aller plus loin, & ſoutenir avec confiance qu'il eſt encore électif, ſinon de fait, du moins de droit, puiſque l'onction a remplacé la formalité de l'élection. Auſſi, juſqu'à Philippe-Auguſte, les rois de la troiſiéme race ont-ils eu la précaution de faire ſacrer leurs ſucceſſeurs de leur vivant : le droit d'élection, loin d'être une prérogative de la nation, eſt un principe d'anarchie, de diſcorde & de guerres civiles; l'hérédité eſt donc infiniment préfé-

I I.

Son titre est celui de roi de France par le choix de la nation & le droit de sa naissance; sa qualité, ainsi que celle de la reine, est celle de majesté. La qualité de l'enfant mâle premier-né, est celle de dauphin, & des puînés mâles ou femelles, celle d'altesse royale; les autres princes & princesses sont distingués par la qualité d'altesses sérénissimes (1).

---

rable; mais il n'importe pas moins d'empêcher que les rois ne puissent employer contre leurs peuples les pouvoirs qu'ils lui ont transmis; que ceux-ci soient à l'abri des perfidies & des assassinats de Louis XI, c'est l'objet de l'art. XIII du chap. II. Où la loi cesse, la force reprend ses droits; la résistance est la réaction nécessaire contre l'oppression.

(1) Le roi prend le titre de roi par la grace de Dieu: cette expression doit-elle être prise littéralement ou au sens figuré? Si c'est littéralement, il existe sans doute quelque part une charte émanée de Dieu, & dont l'existence est bien authentique; j'imagine que personne n'a jamais entendu parler de rien de semblable : le sens littéral n'est donc pas admissible, le figuré est plus vrai, puisque le catéchisme nous apprend que rien n'arrive que par la volonté de Dieu, par sa grace & par sa permission? Mais cette vérité n'est pas particuliere aux rois, elle est

I I I.

Le trône se transmet de mâle en mâle, l'aîné excluant les cadets, & la représentation à l'infini ayant lieu en ligne directe par les mâles seulement (1).

---

générale pour tous les hommes répandus sur la surface du globe : un médecin, un avocat, un financier, peuvent donc se qualifier également par la grace de Dieu. Cette vérité, à force d'être commune, devient niaise, à force de prouver, ne prouve rien, elle constate seulement l'ancienne influence du clergé sur les choses les plus intéressantes. Pourquoi chercher des titres imaginaires lorsqu'on peut en produire de si vrais, de si honorables, & & qui n'appartiennent à personne ?

(1) Cet article ne dit que ce qu'on prétend trouver dans la loi Salique. Une fois qu'il a été avancé que cette loi régloit l'hérédité du trône, & l'accordoit aux mâles à l'exclusion des filles, tout le monde a répété la loi Salique, sans prendre la peine de la lire. J'ai toujours pensé comme l'abbé de Mabli, qu'elle n'avoit pas plus de rapport à l'hérédité du trône que la loi des Medes ou des Babyloniens. La loi Salique n'est qu'un code civil & criminel comme la coutume de Paris & le code Pénal. Je crois qu'elle n'étoit pas même en totalité dans l'intention des Francs. Un peuple fait pour la guerre, qui ne vivoit qu'avec ses armes, qui méprisoit l'agriculture, qui n'avoit

IV.

Tout prince de la famille royale qui aura pris un établissement en pays étranger est déchu de son droit à la couronne ainsi que sa postérité, si le prétendant à la couronne n'a pas renoncé à cet établissement & n'est point fixé en France avec l'intention de n'en plus sortir, trois ans au moins avant l'époque où le trône devient vacant.

V.

Dans le cas d'extinction des mâles de la famille royale, ou d'inhabileté de la part des survivans à posséder la couronne, l'élection du roi appartient à la chambre des représentans seule; mais le choix ne peut tomber que sur des familles françoises résidantes en France.

---

aucune connoissance des arts, avoit besoin d'être commandé par un soldat dont la valeur fut éprouvée. Le trône ne pouvoit être remis entre les mains d'une femme; mais s'il étoit électif, qu'importe d'où le roi tiroit son origine, pourvu qu'il pût être à la tête des armées. J'ai donc cru qu'où les monumens étoient si incertains, une loi positive devenoit nécessaire.

Les

Les princes & princeſſes du ſang royal ne peuvent être mariés ſans le conſentement du roi; les enfans nés de mariages contractés ſans ce conſentement, ſont déchus de tous les priviléges de leur naiſſance.

V I.

Le roi ne peut poſſéder en Europe d'autre ſouveraineté que celle de la France, ni aucun autre domaine privé hors de ſon enceinte.

V I I.

Lui ſeul & ſa famille compoſée de la reine & de ſes enfans ont une garde militaire dont le nombre ſera réglé.

V I I I.

Le roi concourt au pouvoir légiſlatif par le droit d'approuver ou de rejetter les délibérations qui lui ſont propoſées.

I X.

Il a ſeul le pouvoir exécutif; en conſéquence il diſpoſe des deniers du tréſor public, mais à condition de les employer à l'objet pour lequel ils ſont deſtinés, & de faire rendre

G

compte de l'emploi chaque année à la chambre des repréſentans.

La juſtice eſt rendue en ſon nom & par les officiers qu'il commet, mais ſans qu'il puiſſe créer de nouveaux tribunaux, ni augmenter le nombre des officiers de chacun compris dans la liſte civile.

Il peut faire grace aux coupables ſans préjudice de l'intérêt des parties civiles.

Décerner des ordres dans le cas des articles XIV & XV. du §. Ier., chapitre premier.

Il nomme à toutes les places qui ne ſont pas éligibles.

A lui ſeul appartient l'inſtitution des ordres de dignité, & la collation à ceux qu'il juge à propos d'en honorer.

Il nomme aux bénéfices appellés conſiſtoriaux, ſauf l'établiſſement d'un nouvel ordre.

Les lettres de naturalité & de nobleſſe ne peuvent émaner que de lui ; la monnoie eſt gravée à ſes armes.

Il nomme les officiers des troupes, ſoit de terre, ſoit de mer, les emploie à ſa volonté, ſans pouvoir cependant en augmenter le nombre, ni les introduire dans le royaume, ſans y être autoriſé par un acte du pouvoir légiſlatif, ni, dans ce cas, faire remiſe de la peine encourue contre les commandans qui les introduiroient.

L'entretien, la dépenſe des fortifications, ports & arſénaux dépendent également du pouvoir exécutif.

Il nomme les ambaſſadeurs dans les cours étrangeres, reçoit les leurs, fait les traités, déclare la guerre, accepte ou propoſe la paix; mais, dans ce cas, il ne peut ni augmenter le nombre des troupes, ni en admettre d'étrangeres dans le royaume qu'en vertu d'un acte du pouvoir légiſlatif. Dans le cas de traités de paix, il ne peut aliéner les provinces ou partie des provinces de la France, conſentir à des conditions qui tendroient à changer les lois, à reſtreindre la liberté des citoyens, à donner des entraves au commerce, à impoſer des droits en faveur des puiſſances étrangeres : tous ces actes & autres ſemblables appartiennent excluſivement à l'autorité légiſlative.

Il nomme & révoque ſes miniſtres à ſa volonté.

La grande police, qui n'eſt autre choſe que l'exécution des lois générales, fait partie de la puiſſance exécutrice.

X.

La perſonne du roi eſt ſacrée, il n'eſt permis de lui parler qu'avec le plus grand reſpect, qui n'exclut point la noble franchiſe de la vérité.

XI.

Dans le cas de groſſeſſe de la reine, il ſera nommé par la chambre des repréſentans une commiſſion compoſée de neuf membres d'entre eux, dont ſix pris dans l'ordre du tiers-état, pour dreſſer procès-verbal du ſexe de l'enfant & du moment de ſa naiſſance; ils ſeront appellés à cet effet, & l'enfant leur ſera préſenté auſſi-tôt ſa naiſſance. Le procès-verbal ſera dépoſé au ſecrétariat des états-généraux.

XII.

Le roi ne peut exercer aucunes fonctions de ſa haute prérogative, qu'après avoir prêté ſerment à la chambre des repréſentans d'exécuter & de maintenir les lois du royaume.

XIII.

Il ſera dreſſé procès-verbal du ſerment prêté par le roi; ce procès-verbal ſigné de lui, du président de la chambre, & contresigné par le secrétaire en chef, sera déposé aux archives de la chambre.

X I V.

Le sacre est une cérémonie de religion qui n'a aucun effet civil.

X V.

La majorité des rois ne commence qu'à la dix-septieme année révolue de leur âge.

X V I.

Pendant la minorité des rois, le pouvoir éxécutif est exercé par le régent.

X V I I.

La régence est élective, mais parmi les princes ou ducs & pairs seulement âgés de trente ans révolus (1).

(1) Le plus grand acte que puissent exercer les états-généraux est sans doute l'élection d'un régent, dans le cas de minorité du roi, que j'ai prolongée jusqu'à dix-huit ans. La régence est élective, je ne dirai pas suivant nos lois, mais suivant nos usages; sans doute, à égalité de

XVIII.

L'élection appartient exclusivement à la chambre des représentans.

XIX.

Le régent ne peut faire aucun acte de la puissance exécutrice, qu'aprés avoir prêté serment à la chambre des représentans de veiller à la conservation des lois & de la personne du roi.

XX.

Le roi entrera dans le conseil à l'âge de quinze ans révolus, & y tiendra la premiere place.

---

mérite, la préférence est due aux princes du sang; j'ai pensé qu'il y auroit de l'inconvénient à restreindre le choix dans une seule classe peu nombreuse; que multiplier les concurrens c'étoit augmenter l'émulation; que l'illustration des premieres familles françoises les rendoit digne de l'honneur de commander la nation; que si la premiere place n'étoit héréditaire que par le consentement de la nation, & jusqu'à ce qu'elle ait les raisons les plus fortes de le révoquer, l'élection de la seconde place conservoit les traces du droit primitif; enfin, il est des occasions où il n'est pas permis de tout dire.

XXI.

Les lois rendues pendant la régence porteront le nom du roi, lors même que le défaut d'âge l'aura rendu inhabile à prêter serment à la nation & à exercer les droits de sa prérogative ; mais elles seront souscrites par le régent, & feront mention de sa séance aux états-généraux.

XXII.

Toutes les commissions dépendantes du pouvoir exécutif, intitulées du nom du roi, seront également signées du régent & scellées du sceau royal pour celles qui doivent l'être, ou contresignées par le ministre du département, suivant la nature desdites commissions.

XXIII.

Tous les honneurs extérieurs seront rendus au régent ; il aura un nombre de gardes déterminé & un traitement annuel fixé par les états, convenablement à sa dignité, mais pendant le tems seulement qu'il en sera revêtu.

XXIV.

Les reines douairieres jouiront des avantages fixés par leurs contrats de mariage reconnus aux états-généraux, tant qu'elles résideront en France.

CHAPITRE IV.

DE la puiſſance exécutrice dépendent deux parties d'adminiſtration ; 1°. les aſſemblées provinciales ; 2°. les tribunaux chargés de la juſtice diſtributive entre les citoyens, conformément au droit civil.

CHAPITRE V.

Des Assemblées Provinciales.

ARTICLE PREMIER.

Les assemblées provinciales ont jurisdiction sous l'autorité du roi sur tout ce qui est relatif à la conservation de la société, les approvisionnemens de la province, la répartition des impositions, les décharges & modérations, la réimposition des non-valeurs, la nomination aux emplois avec pouvoir de révoquer ceux pourvus desdits emplois dépendans de leur administration, la surveillance sur les recettes, sur les paiemens des fonds assignés sur la province, sur le versement de l'excédant au trésor royal; l'arrêté des comptes particuliers des différens receveurs; elles sont chargées de la construction de tous les ouvrages publics, des chemins, de leur entretien, de la voierie sur les grandes routes & les rues des villes qui en font partie; en un mot, de tout ce qui n'est pas relatif aux propriétés particulieres des citoyens & contentieux entre eux, & de tout ce qui fait partie de la grande police.

I I.

La ſurveillance ſur les biens des municipalités, la comptabilité, la confirmation ou abrogation des élections de leurs officiers municipaux dans le cas d'irrégularité; la police en ce qui touche ſeulement la partie d'adminiſtration, fait auſſi partie de la juriſdiction des aſſemblées provinciales.

I I I.

Leur juriſdiction eſt affranchie des formalités uſitées dans les tribunaux ordinaires de juſtice; l'inſtruction ſe fait par de ſimples mémoires ſur papier ordinaire, ſans le miniſtere d'aucun officier public; tous actes ſont diſpenſés de formalité de contrôle & de tous autres.

I V.

Les appels des ordonnances rendues par les aſſemblées provinciales ou leurs commiſſions intermédiaires, ne peuvent être portés qu'au conſeil du roi, où ils ſeront jugés par voie d'adminiſtration ſur les mémoires des parties & les réponſes fournies par leſdits bureaux.

V.

Chaque province diviſée ſelon l'étendue fixée par l'art. VIII du premier chapitre, eſt administrée par une aſſemblée provinciale composée de quarante-huit perſonnes, dont ſeize priſes dans l'ordre du clergé & de la nobleſſe, & trente-deux dans celui du tiers-état.

VI.

Les députés compoſant cette aſſemblée ſeront choiſis parmi les propriétaires de biens-fonds de la valeur au moins de 3000 liv., réſidans dans la province, ou payant une ſomme d'impoſition qui ſera déterminée.

VII.

Nul ne peut être élu avant l'âge de vingt-cinq ans accomplis.

VIII.

Chacun des députés exercera pendant quatre années entieres, ſauf les trois premieres années de l'établiſſement où le quart des membres de chaque ordre ſe retirera, ainſi qu'il ſera réglé par le ſort, & ſera remplacé par d'autres députés pris dans ſon ordre & tirés du diſtrict dont les membres ſortiront.

I X.

Le territoire de chaque province ſera partagé en quatre diſtricts ; chaque municipalité tous les ans députera, le premier octobre, trois députés tirés de ſon aſſemblée, dont un pris alternativement, autant que faire ſe pourra, dans l'ordre du clergé & de la nobleſſe, & deux dans celui du tiers-état, à l'aſſemblée d'arrondiſſement, dans la ville ou bourg qui ſera déſigné le chef-lieu dudit arrondiſſement, à l'effet de nommer les douze députés qui doivent remplacer chaque année ceux ſortant, leſquels pourront être choiſis, tant parmi les membres compoſant ladite aſſemblée d'arrondiſſement, que parmi les autres attachés à la municipalité, ou ceux qui en ont rempli précédemment les fonctions; par ce moyen il n'y aura chaque année qu'une aſſemblée d'arrondiſſement dans chaque province.

X.

Elle ſera préſidée par l'un des députés de

l'assemblée provinciale, ou de la commission intermédiaire, qui sera nommé à cet effet.

X I.

Nul ne pourra être réélu comme membre, soit des assemblées provinciales, soit des municipalités, qu'après deux révolutions de quatre ans, sauf cependant ceux qui par l'effet du sort n'auront pas rempli trois années de leur exercice, lesquels pourront être réélus pour exercer pendant une révolution complete (1).

---

(1) J'ai fait peu de changemens dans le régime des assemblées provinciales, tel qu'il a été établi en 1787; je propose seulement de leur attribuer la jurisdiction que le réglement a accordé aux intendans, pour ne les pas rendre entiérement inutiles. Ce partage, si contraire à l'intérêt public, forme une double dépense sans objet, & ne peut servir qu'à retarder la marche des affaires. J'ai supprimé les assemblées de département, comme inutiles, lorsque le district des provinciales sera restreint dans les bornes convenables.

Mais je vois beaucoup de mouvement dans les différentes provinces pour obtenir des états particuliers, sans que j'en puisse deviner la raison; les états formeront-ils un corps organisé d'une autre maniere que les assemblées provinciales? les droits, les pouvoirs seront-ils différens?

XII.

Les aſſemblées générales des paroiſſes, ou, dans le cas où elles ſeroient trop nombreuſes, les principaux habitans dans le cas de prétendre à l'élection, conformément aux réglemens ſur cet objet, s'aſſembleront tous les ans le premier dimanche de ſeptembre pour nommer les députés qui doivent remplacer le quart ſortant.

Si les états particuliers doivent obtenir une prééminence d'autorité, elle ſera ſans doute à l'avantage de ces provinces. En ce cas, la juſtice veut qu'elles ſoient toutes traitées également. S'il n'y a que le nom de changé, on ne connoît point de raiſon de le faire, & de rompre l'uniformité qui eſt la preuve de l'ordre. Il eſt aſſez indifférent auquel des deux noms on donne la préférence, il me ſemble que la qualification donnée à l'aſſemblée générale eſt une raiſon pour en donner une autre aux aſſemblées particulieres.

C'eſt à raiſon de l'importance que j'ai trouvée à ne point laiſſer les fonctions publiques dans les mêmes mains, que j'ai répété ici l'article qui ne permet de réélire la même perſonne, ſi ce n'eſt après deux révolutions de quatre ans : j'en ai donné les motifs ſur l'article IX du deuxieme chapitre ; je ne les répéterai point.

XIII.

L'article XI ci-dessus sera exécuté à leur égard.

XIV.

Les assemblées provinciales auront en outre deux syndics, dont un pris dans chaque ordre dont les fonctions & les droits seront les mêmes dans leur partie que les six syndics des états-généraux, & qui pourront être continués pendant huit ou douze ans.

XV.

Les séances de l'assemblée provinciale commenceront au quinze octobre, & ne pourront être prorogées au-delà du quinze novembre. Les syndics rendront compte sommairement dans cette assemblée des objets qui auront été traités pendant cette année. Il sera procédé ensuite à la rédaction des instructions à donner aux députés de l'assemblée qui doivent en porter le vœu aux états-généraux, à l'effet de quoi les députés aux états-généraux qui ne feroient point partie de ladite assemblée, seront invités d'y assister.

XVI.

XVI.

Il ſera pareillement procédé à la nomination ou continuation de la commiſſion intermédiaire compoſée de ſix membres, dont deux pris de l'ordre du clergé & de la nobleſſe, & quatre de celui du tiers-état, indépendamment des deux ſyndics.

XVII.

Les deux ſyndics auront voix délibérative dans la commiſſion intermédiaire, & voix prépondérante en cas de partage, ſi leurs voix ſont unanimes, autrement elles ſe détruiront.

XVIII.

Tous les deux ans un des membres de la commiſſion intermédiaire dans l'ordre du clergé, & tous les ans un d'eux dans l'ordre du tiers-état pourra être remplacé, à la volonté des aſſemblées provinciales.

XIX.

Dans le cas où les députés aux états-généraux ſeroient pris parmi les membres compoſant la commiſſion intermédiaire, ou les procureurs-ſyndics, il ſera procédé à leur remplacement; les députés de l'assemblée provinciale pouvant l'être aux états-généraux, mais non les membres des commissions intermédiaires ou procureurs-syndics.

X X.

Le président desdites assemblées sera nommé par le roi sur la présentation qu'elles lui feront de trois personnes choisies dans l'ordre du clergé & de la noblesse; il présidera pareillement la commission intermédiaire.

X X I.

Les honoraires des présidens de chacun de ces députés, ainsi que des syndics, seront réglés d'une maniere uniforme par les états-généraux; à l'égard des frais de bureau, & les appointemens des personnes employées pour le service de l'administration, ils seront determinés selon les circonstances locales.

X X I I.

Ces dépenses seront acquittées par chaque province, & ne feront point partie des impositions publiques perçues au profit du trésor royal.

XXIII.

Les aſſemblées d'élection, de diſtrict ou de département, demeurent ſupprimées, les officiers municipaux des villes, bourgs ou villages ſuffiſent pour la correſpondance & l'inſtruction des affaires qui intéreſſent les particuliers; à l'égard de celles relatives à l'intérêt des communautés mêmes, les aſſemblées trouveront les éclairciſſemens dont elles auront beſoin dans la correſpondance avec leurs membres répandus dans les diverſes parties de la province.

XXIV.

Le compte des recettes de chaque province & de ſes dépenſes, en y comprenant celles qui doivent être acquittées ſur le lieu à la charge du tréſor public, ſera arrêté chaque année par l'aſſemblée provinciale ou ſa commiſſion intermédiaire. Ces comptes ſeront rendus publics, il en ſera envoyé une copie au ſecrétariat des états-généraux.

XXV.

Tout comptable des deniers publics eſt contraignable par corps, ſes biens ſont hypothéqués à la dette publique par privilége à tous créanciers

CHAPITRE VI.

Des Jurisdictions.

Article premier.

Les jurisdictions sont établies en faveur des citoyens, & non pour l'intérêt de ceux qui rendent la justice; ceux-ci acquittent une dette de la société, & n'ont aucun droit contre elle (1).

---

(1) C'est dans cette partie que je me suis permis les plus grands changemens. Je n'ai rien conservé de ce qui existe; aussi m'attends-je aux plus fortes réclamations. J'ai toujours pensé que la réforme de la législation devoit être précédée de celle des tribunaux. Il faut éteindre l'esprit de parti, se débarrasser des clameurs importunes, si l'on veut paisiblement discuter de grands intérêts.

Cette hiérarchie de tribunaux grimpant les uns sur les autres, presque aussi multipliés qu'il y a de sortes d'affaires, ne porte-t-elle pas l'empreinte des siécles barbares qui en ont conçu la pensée? La justice est devenue le plus destructif des fléaux; elle attaque à la fois les propriétés & la liberté dont elle se glorifie d'être la protectrice; la multiplication excessive des formes, leur com-

I I.

Les tribunaux de juriſdictions, ſoit ordinaires, ſoit royales ou ſeigneuriales , ſoit extraordi-

---

plication , leur contrariété , les ſubtilités du droit rendent tout incertain. Si la fortune d'un citoyen ne ſuffit pas à la diſcuſſion du droit ſur une gouttiere, l'accuſation la plus injuſte ne laiſſe de ſûreté que dans la fuite.

Je ne parle point de cet orgueil triſte & concentré, mais ſyſtématique & inflexible des gens de robe. Le deſpotiſme eſt dans leur cœur; j'en prends à témoin ceux qui ſont dans leur dépendance, ſoit par leur état, ſoit par leurs affaires. L'ambition eſt leur paſſion; jaloux de toute autorité, leur plan eſt d'élever une ariſtocratie qui tienne tout aſſervie à leur joug ; pénétrés à travers les proteſtations hypocrites de dévoûment au bien public; cherchez le but de leurs prétentions, vous verrez s'il eſt quelque pouvoir qui puiſſe réſiſter à la longue au droit de juger tout le monde, & de n'être jugé par perſonne.

Les juſtices ſont patrimoniales en France; c'eſt-à-dire, par le renverſement de toutes les idées, que la juriſdiction eſt faite pour celui qui l'exerce, & non pour celui qui y a recours. C'étoit par une conſéquence de ce principe tyrannique qu'il étoit défendu autrefois à ceux qui avoient des procès de les terminer par des tranſactions ſans l'intervention du juge, & ſans avoir payé ſes vaca-

naires, ſous quelque dénomination qu'ils ſoient connus, ſoit qu'ils adminiſtrent la juſtice en

---

tions. Aujourd'hui encore il eſt des parlemens dans le reſſort deſquels il n'eſt pas permis de s'en rapporter a des arbitres, parce que le juge perdroit ſes profits. La juſtice eſt un impôt perçu avec la plus grande dureté, & ſurveillé avec plus de ſoin que le fiſc n'en apporte pour la perception des tributs.

Ce mal extrême n'eſt peut-être que le moindre. Les tribunaux ſupérieurs, compoſés de nobles, entretiennent depuis pluſieurs ſiécles une conjuration ſecrette contre l'agriculture. Tout tend ſans ceſſe à anéantir la propriété des campagnes en l'accablant de tous les droits féodaux que la tyrannie des premiers ſiécles de la dinaſtie régnante avoit pu imaginer. On a inventé des maximes pour augmenter les moyens d'uſurpation; à force d'arrêts & de chicanes, l'allodialité des coutumes a été renverſée; tout ce qui tient à la ſeigneurie a été jugée impreſcriptible. Quelle ſeroit la ſuite de ce plan déja avancé dans ſon exécution? de ramener les tems où la campagne n'étoit cultivée que par des ſerfs, & d'anéantir toute propriété autre que celle des ſeigneurs de fief?

Les terriers, ſur-tout, ont été trouvés merveilleux pour parvenir au but propoſé, des déclarations obtenues par crainte, ou moyennant des remiſes, deviennent un titre général contre ceux qui refuſent de reconnoître des charges doubles de ce qu'elles ſont réellement. Qui compareroit un terrier à un autre remarqueroit cette pro-

premier ou autre degré à la charge de l'appel, ou en dernier ressort, à l'exception du conseil du roi, demeurent abrogés.

---

gression effrayante. Il est d'autant plus impossible de s'en défendre, que l'événement de la contestation n'est pas douteux. La ruine du censitaire serviroit de leçon à ceux qui seroient tentés de l'imiter.

Mais les seigneurs n'osoient qu'à peine entreprendre ces récensemens ; ils avoient des frais à faire qui les retenoient. La barriere a bientôt été levée, le prix de chaque déclaration à la charge du redevable a été triplé, par un arrêt dont le but ne peut être que de rétablir le brigandage civil des dixieme & onzieme siecles. L'annonce d'un terrier est le signal de la ruine des vassaux ; il est devenu pour les seigneurs un moyen d'acquérir ; non-seulement ils n'ont aucuns déboursés à faire, mais ils traitent avec leur commissaire, qui leur rend une finance proportionnée à l'étendue du territoire, & à la division des propriétés.

Ce seroit une folie de vouloir réparer, il faut détruire & construire à neuf. Si les jurisdictions sont établies en faveur des justiciables, il est nécessaire qu'elles soient rapprochées d'eux. Mon plan, qui au surplus ne fait que rappeller l'ordre ancien, établit une jurisdiction dans chaque lieu.

Le renouvellement des municipalités pare, autant qu'il est possible, à l'inconvénient des habitudes & des

I I I.

Les juriſdictions du Châtelet, des Conſuls & de l'Hôtel-de-ville de Paris demeurent ex-

---

liaiſons. Lorſque chaque citoyen eſt alternativement juge & juſticiable, l'eſprit de corps, s'il peut s'en établir un, doit être la plus exacte impartialité. Le droit de juger en dernier reſſort les affaires de peu d'importance ne peut être que favorable à ceux qui ſont obligés de les avoir, lors même qu'ils croiroient avoir à ſe plaindre des jugemens.

Les cours d'appel ſeront réſervées pour des diſcuſſions plus importantes, & qui demandent plus d'examen. Les lois accordent la nobleſſe, ſoit au premier ſoit au ſecond degré, à ceux qui rempliſſent les places. Ma propoſition eſt au contraire que les deux tiers d'elles ſoient réſervés pour le tiers-état; il forme inconteſtablement plus des deux tiers de la nation, il m'a paru juſte qu'il ait des défenſeurs dans cette proportion.

C'eſt encore un des priviléges des cours ſupérieures, que les membres ſoient jugés par le tribunal auquel ils appartiennent; ce privilége compromet la juſtice, lors même qu'elle eſt rendue avec la plus grande impartialité: les tribunaux doivent être à l'abri du ſoupçon & des tentatives.

Peut-être trouvera-t-on exceſſive ma propoſition, de

ceptées de la présente suppression, & continueront comme par le passé à remplir leurs fonctions.

---

vouloir que les juges des cours d'appel soient choisis dans une province étrangere, mais j'ai cru qu'on ne pouvoit assez se prémunir contre l'intérêt personnel.

Les objections contre ce plan doivent être infinies; tâchons de prévenir les principales.

1°. La réforme proposée constitue l'état dans une dépense au-dessus de ses forces pour le moment: comment suffire au remboursement de tant d'offices éteints?

Je conviens de la surcharge; mais la réforme est-elle nécessaire? sera t-elle profitable au public? le rendra t-elle plus riche? Si tout cela est incontestable, comme il me le paroît, la suppression doit d'autant moins être retardée, qu'elle n'oblige pas à tout rembourser à la fois. L'état reste toujours débiteur; la condition du titulaire n'est changée, eu égard à la finance, que par l'interdiction de vendre: cette objection n'est donc pas aussi considérable qu'elle le paroît, puisque dans le fait la dette de l'état n'est point augmentée, ni la nature de la créance.

2°. Quel boulversement dans toutes les fortunes! que deviendront des milliers d'hommes arrachés à leur profession? L'âge a mis le plus grand nombre hors d'état de se livrer à un travail autre que celui qu'ils ont toujours fait.

IV.

Les titulaires des offices seront remboursés sur le pied de la quittance de finance, ainsi

---

Cet inconvénient est réel ; je voudrois qu'il fût en mon pouvoir de l'empêcher ; mais en plaignant sincérement les victimes, je reprends toujours ma réponse. La réforme est-elle nécessaire ? Si en politique on ne s'arrêtoit qu'au bien qui n'est point mêlé de mal, on n'agiroit jamais, parce que la nature n'a rien fait de semblable ; il n'y a point de lois, tel sages qu'elles soient, contre lesquelles on ne pût faire une multitude d'objections, même raisonnables : le bien n'est point absolu, il suffit que les avantages l'emporte sur les inconvéniens pour qu'il y ait un motif suffisant de se déterminer.

Deux armées sont en présence : arrêtez, dit un philosophe, que de sang va être répandu ! combien deux heures vont faire de malheureux ! Oui, répond le général, mais le salut de la patrie exige que l'on combatte.

3°. Le plan proposé est-il admissible : le droit de juger ne donne pas l'instruction pour le faire. Les municipalités auront-elles partout des hommes capables de rendre la justice ? Dans les villes, la séduction, les parentés, la crainte de déplaire, ou le desir d'acquérir des protecteurs, ne livreront-ils pas les citoyens à un brigandage mille fois plus insupportable que ne le sont & les dé-

que ceux des offices attachés à chacune desdites jurisdictions.

---

penses & les déplacemens nécessités par l'administration actuelle ?

Ces lieux communs ne sont pas de nature à faire grande impression. Il se peut que tous les villages n'offrent pas un grand nombre d'hommes éclairés; il en est cependant où ces ressources ne sont pas épuisées; mais les contestations qui s'élevent entre les habitans des villages sont si simples, qu'il ne faut point d'esprit pour les décider. Les jurisdictions municipales réduites aux affaires de leur territoire, isolées les unes des autres, ne seront que des especes d'arbitrage ; les subtilités de droit en seront écartées, & la bonne foi guidera d'autant plus sûrement les décisions, que les personnes & les choses seront également connues.

Quand on aura prouvé que les intrigues, la faveur du crédit, la cupidité sont sans effet dans les tribunaux actuels qui rendent la justice en dernier ressort, il sera permis de craindre que ces funestes effets ne se développent dans les jurisdictions des villes, au moins doivent-ils y avoir moins d'activité. Le public est le juge des juges ; la surveillance doit être continuelle dans les villes, lorsque les affaires des jurisdictions ne seront pas multipliées à l'excès, lorsque l'intérêt naturel aux personnes qu'on connoît éveillera l'attention. Le public au contraire, dans l'ordre actuel des choses, ne peut la donner qu'aux

V.

A l'avenir, il n'y aura plus que deux sortes de jurisdictions ordinaires, celle du premier

---

objets les plus intéressans, il abandonne le reste au hasard. La certitude de n'avoir de compte à rendre de ses actions qu'à soi-même, d'inspirer la crainte à ceux qui seroient tentés de les blâmer, peut conduire à braver l'opinion. Elle sera un frein pour celui qui, devant bientôt rentrer dans la classe ordinaire, trouvera sa sûreté & sa considération dans l'impartialité dont il aura donné des témoignages. En un mot, il se commettra des fautes, j'en conviens, les erreurs sont le lot de l'humanité. Si le régime actuel étoit impeccable, ce seroit un crime de lese-société que d'entreprendre de le détruire; mais je ne puis pas croire que l'avantage de l'un & de l'autre soient comparables.

Ce qui mérite sur-tout la plus grande attention, c'est de ne pas multiplier, comme on l'a fait, le nombre des officiers inférieurs de justice; c'est à leur nombre qu'il faut principalement rapporter les progrès effrayans de l'art sophistique de la chicane, de la complication des formes. Tous ces hommes trompés par l'espérance de vivre d'un travail autorisé, doivent s'évertuer pour se procurer de l'occupation, entretenir les division, soulever l'amour-propre. En vain les frais énormes des affaires avertissent-

reſſort, & la cour d'appel qui ſera établie dans chaque province; chacune d'elles connoiſſant de toutes les ſortes d'affaires entre les citoyens domiciliés dans leur diſtrict.

V I.

Le conſeil du roi compoſé des magiſtrats nommés par lui & en vertu de ſes commiſſions, eſt la ſeule juriſdiction extraordinaire. Les demandes en caſſation ou reviſion des jugemens en dernier reſſort, ſeront portés devant lui; mais il ne pourra, dans ce cas, retenir le fond & le juger; il ſera obligé de le renvoyer

---

ils les citoyens de ſe tenir en garde contre les procès, l'éloquence du beſoin enhardit la crainte & l'anime par l'eſpérance d'une chance heureuſe dans la loterie des jugemens.

Je ſouhaiterois que ces réflexions fuſſent trouvées juſtes, comme elles me le paroiſſent; le plus grand nombre n'eſt pas de moi, elles ſont dans tous les livres. Si leur déplacement, en rompant l'enſemble, les a dénaturées, ce n'eſt point un ouvrage que j'offre au public, mais le plan d'un ouvrage, & j'accueillerai avec admiration la production qui, rejettant tout ce que je préſente, y ſubſtituera des vérités plus lumineuſes & plus utiles.

dans une cour d'appel autre que celle dont le jugement a été caſſé. Si le jugement émane d'une municipalité, le fond pourra être renvoyé dans la cour d'appel du reſſort.

Le conſeil connoît encore de tous les appels d'ordonnances rendues en matiere d'adminiſtration.

Regle la compétence entre les cours d'appel.

A lui ſeul appartient le droit de prononcer ſur la validité des commiſſions émanées du roi pour l'exercice de fonctions publiques.

Les accuſations qui feroient portées contre quelques cours d'appel que ce ſoient, lorſqu'elles ſont dirigées contre le corps entier, ne peuvent être jugées que par le conſeil du roi.

Au conſeil du roi ſeul appartient encore de prononcer ſur les accuſations qui feroient formées par les états-généraux.

V I I.

Chaque municipalité, ſoit des villes, ſoit des campagnes, connoîtra en premiere inſtance de toutes les conteſtations élevées entre les habitans desdites villes, bourgs ou campagnes, sans aucunes dépendances des unes aux autres.

VIII.

Le premier officier de la municipalité des villes portera le nom de maire, & celui des bourgs ou villages, de syndic.

IX.

Chaque municipalité aura en outre; savoir, celle des villes du premier & second ordre, un avocat & un procureur du roi; celles du troisieme, un procureur du roi seulement; & les municipalités des campagnes, un procureur d'office.

X.

Lesdits avocats & procureurs seront nommés par le roi, sans pouvoir être révoqués, si ce n'est pour prévarication dans leurs fonctions & en conséquence d'un jugement de la cour d'appel.

XI.

XI.

Les municipalités jugeront sans appel ; savoir celles des villes du premier ordre, de toutes les affaires qui n'excederont pas 20000 l. ; celles du second ordre, jusqu'à la concurrence de 10000 liv. ; celles du troisieme, jusqu'à la concurrence de 4000 liv. ; & enfin les municipalités des bourgs & villages, jusqu'à 500 liv.

XII.

Les appels de tous les jugemens rendus par les municipalités dans les affaires excédantes les fixations ci-dessus, & dans toutes celles qui ne sont pas susceptibles d'appréciation, seront portés à la cour d'appel de chaque province.

XIII.

Les sentences rendues par les municipalités seront intitulées du nom de ladite municipalité.

XIV.

Les affaires criminelles jugées sur récolement & confrontation, & dont les jugemens porteront peine afflictive, feront portés de droit à la cour d'appel, jufqu'à l'établiffement du tribunal des pairs qui fera chargé de l'inftruction & de la détermination du point de fait, de façon qu'il ne refte plus aux juges qu'à appliquer la peine de la loi.

XV.

Les arrêts portant peine afflictive ne pourront être mis à exécution; favoir, à Paris, que fur le vu du chancelier ou garde des fceaux; & dans les provinces, fur celui du préfident des affemblées provinciales, ou, en leur abfence, fur celui des procureurs-fyndics qui pourront en tout état fe faire repréfenter les procédures & demander les motifs qui ont déterminé le jugement.

XVI.

Dans le cas où ils croiroient devoir refufer leurs *vifas*, ils feront tenus d'en inftruire le chancelier ou garde des fceaux; l'affaire fera de nouveau examinée au confeil fur l'inftruction fubfiftante.

XVII.

Les cours d'appels feront compofées de deux préfidens, dont l'un portera le titre de premier, d'un procureur général, de deux avocats-généraux, deux greffiers en chef, & de trente confeillers.

XVIII.

Ils feront partagés en deux fervices, l'un pour le civil, l'autre pour le criminel ; les fervices changeront chaque année.

XIX.

Les officiers des cours d'appel exerceront fur des commiffions émanées du roi après une réception.

XX.

Les appointemens convenables à chaque place feront fixés par les états-généraux, & feront acquittés par le receveur de chaque province.

XXI.

Les épices & vacations des juges demeurent

abrogées dans les cours d'appel; elles continueront à avoir lieu dans les municipalités.

XXII.

Des trente conseillers composant les cours d'appel, vingt au moins seront pris dans l'ordre du tiers-état; l'autre tiers, ainsi que les présidens, le procureur-général & l'un des avocats-généraux pourront être tirés de l'ordre du clergé & de la noblesse.

XXIII.

Les commissions dans les cours d'appel ne pourront être données à des personnes domiciliées dans la même province; elles seront remplies par des citoyens tirés des autres provinces.

XXIV.

Les affaires dans lesquelles les officiers des cours d'appel auroient un intérêt, ne pourront être portées dans la cour d'appel dont ils sont membres; le conseil en fera l'attribution à la plus prochaine cour d'appel.

XXV.

Les jugemens rendus par les cours d'appel feront appellés arrêts, & feront intitulés du nom du roi.

XXVI.

Les officiers miniftériels du confeil du roi, de chacune defdites cours d'appels & municipalités, feront fixés felon la convenance, & pourvus fur des commiffions du roi non révocables, fi ce n'eft pour prévarications après un jugement.

XXVII.

Toute interruption combinée de fonctions de la part des cours d'appel, tendant à troubler l'ordre public, forme un délit caractérifé dont le confeil du roi eft juge. Les membres qui s'en feront rendus coupables feront deftitués & déclarés incapables d'exercer aucunes fonctions civiles.

XXVIII.

La police particuliere fait partie de la jurisdiction ordinaire ; elle est exercée en premier ressort par les municipautés, & en définitif par les cours d'appel.

XXIX.

Les tribunaux de justice ne peuvent faire de réglemens généraux pour leur ressort ; ce seroit entreprendre sur la législation, ils n'ont que des faits particuliers à décider.

FIN.

www.ingramcontent.com/pod-product-compliance
Ingram Content Group UK Ltd.
Pitfield, Milton Keynes, MK11 3LW, UK
UKHW021054260726
13994UKWH00002B/533

9 782329 389240